Kleine Geschichte des Bayerischen Waldes

Johann-Bernhard Haversath

Kleine Geschichte des Bayerischen Waldes

Mensch – Raum – Zeit

Verlag Friedrich Pustet
Regensburg

Bibliografische Information der Deutschen Nationalbibliothek
Die Deutsche Nationalbibliothek verzeichnet diese Publikation in der Deutschen Nationalbibliografie; detaillierte bibliografische Daten sind im Internet über http://dnb.dnb.de abrufbar.

Gutenbergstraße 8 | 93051 Regensburg
Tel. 0941/920220 | verlag@pustet.de

3., aktualisierte Auflage 2020

ISBN 978-3-7917-2648-9
Umschlaggestaltung: Heike Jörss, Regensburg
Satz: Vollnhals Fotosatz, Neustadt a. d. Donau
Druck und Bindung: Friedrich Pustet, Regensburg
Printed in Germany 2020

eISBN 978-3-7917-6049-0 (epub)

Inhalt

Vorwort
Mensch – Raum – Zeit

Die Beschränkung des Bandes auf einen stark eingegrenzten und klar abgrenzbaren Raum wie den Bayerischen Wald ist Stärke und Schwäche zugleich: Schwäche, weil möglichst alle Besonderheiten und Charakteristika im Buch genannt, alle Orte erwähnt und alle bedeutenden Persönlichkeiten gewürdigt werden sollen (was natürlich nicht möglich ist), und Stärke, weil die verschiedenen Themen im Fokus des Regionalen in kleinräumigem Zusammenhang, also in lebensweltlichen Bezügen, verdeutlicht werden können.

Damit steht von Anfang an fest, dass Schwerpunkte gesetzt werden müssen. Erst die Beschränkung in der Breite ermöglicht eine Vertiefung bei den Zusammenhängen, einen schärferen Blick bei den Vernetzungen und eine genauere Einschätzung der jeweils beteiligten Akteure.

Es lassen sich drei zentrale Kategorien herausstellen, die wie ein roter Faden das Buch durchziehen:

1. Der Mensch als unterschiedlich mächtiger Akteur

Die Rodung der Waldgebiete stellte gerade in vortechnischer Zeit ganz besondere Herausforderungen. Schritt für Schritt gewannen die Menschen im Laufe der Zeit die nötigen technischen Kenntnisse und Möglichkeiten, sie fanden neue Wege der Erschließung des Waldes und des Überlebens. Es darf aber nicht übersehen werden, dass die Einflussmöglichkeiten je nach Macht (oder Ohnmacht) gestaffelt waren (und sind): Einflussreiche, durchsetzungsfähige Akteure geben den Rahmen vor, nach dem sich die anderen zu richten haben.

2. Der Raum als Gestaltungs- und Betätigungsfeld von Natur und Mensch

Als hohes Mittelgebirge, das zugleich Grenzgebirge ist, bildete der Bayerische Wald in den verschiedenen Rodungsepochen

Das ist doch der Gipfel: auf dem Großen Arber (1456 m)

dem Menschen keinen idealen Expansionsraum. Die widrigen klimatischen Verhältnisse erschwerten den Handel und die Landwirtschaft beträchtlich. Die verkürzte Vegetationsperiode, die zumeist mäßige, oft auch geringe Bodengüte sowie die ungünstigen Gesteinsverhältnisse im Untergrund stellten bei der Erschließung ernsthafte Erschwernisse dar. Mensch und Natur wurden in früheren Epochen nur bedingt als sich ergänzendes Paar gesehen.

3. Die Zeit als Variable im Entwicklungsprozess
Technischer Fortschritt in der Landwirtschaft, Innovationen beim Wegebau (z. B. Triftkanäle) oder neue Ideen bei der Siedlungsanlage führten zu dynamischen Entwicklungen. Durch zahlreiche Rückschläge (Kriege, Epidemien, klimatische Extremereignisse) wurden jedoch die progressiven Phasen von Stagnation oder Schrumpfung abgelöst. So folgten bei wiederholtem Auf und Ab den Zeiten der (gemäßigten) Prosperität solche des Stillstands oder der Krise.

Diese drei Kategorien, die den konzeptionellen Rahmen *der Kleinen Geschichte des Bayerischen Waldes* bilden, sind nicht isoliert, sondern vernetzt und verbunden zu verstehen: Menschen und soziale Gruppen handeln in Raum und Zeit; der Raum bietet den Menschen im Laufe der Zeit unterschiedliche Handlungsmöglichkeiten, von denen manche aufgegriffen, andere verworfen werden. Zeit und Zeitgeist schließlich setzen ihrerseits Akzente, indem auch sie manches begünstigen und anderes erschweren. Will man den Bayerischen Wald und seine Bewohner in Raum und Zeit verstehen, dann muss man in diesem Sinn in die Tiefe gehen und die Stränge der Entwicklung miteinander verknüpfen.

Die Vernetzungen in den sachlichen Bezügen finden in den einzelnen Kapitelüberschriften ihren Ausdruck. In allen Fällen ist von einem Begriffepaar die Rede; es steht wie ein Signal, das Hinweise auf den Facettenreichtum, auf die Differenzierungen und auf die inhaltliche Vielfalt geben soll. Kein Raum der Welt, auch nicht der Bayerische Wald, kann mit wenigen Begriffen abgestempelt oder in eine Schublade gesteckt werden. Selbst Teilgebiete des Bayerischen Waldes sind hochgradig komplex und in sich höchst verschieden. Daher müssen wir die Zusammenhänge im Blick haben, den Wandel im Laufe der Zeit, wir müssen über den Tellerrand schauen. Es bleiben stets viele Fragen offen, weil einerseits längst nicht alles erforscht ist und andererseits nur ausgewählte Bereiche in diesem Band thematisiert werden.

Im Gebiet der Historie geht es bevorzugt um die Teilbereiche der Territorial-, Wirtschafts- und Sozialgeschichte sowie – deutlich über die Historie hinausgehend – um die transdisziplinäre

Umweltgeschichte; die Geographie steuert z. B. die vernetzte Siedlungsforschung, die Agrar-, Klima- und Bodengeographie bei, bei den Gesteinen und der Gebirgsbildung erfolgt der Rückgriff auf die Geologie; die Sprach- und Kulturwissenschaften schließlich liefern u. a. Erkenntnisse zu den Ortsnamen oder zur baulichen Entwicklung.

Die Ausführungen richten sich dabei an ein breites, interessiertes Publikum: Den Einheimischen mögen sie dazu dienen, Altbekanntes und Vertrautes aus einem neuen Blickwinkel zu sehen, also einen Perspektivenwechsel vorzunehmen; den Regionsfremden mögen sie eine Hilfe zur raschen Orientierung bieten, so dass das komplexe räumliche Nebeneinander im zeitlichen Nacheinander und im sachlichen Mit- oder Gegeneinander verstehbar wird.

1 Raum und Identität

Räume werden von Menschen geschaffen, indem sie nach ganz bestimmten Kriterien (Klima, Boden, Vegetation, Sprache, Bauformen usw.) abgegrenzt werden. Auch der Bayerische Wald ist ein solches Konstrukt. In jedem Schulatlas finden wir ihn eingetragen und können ihn abgrenzen – je grober die Karte ist, umso leichter (s. Abb. auf S. 12). Gerne wählen wir zu diesem Zweck so genannte natürliche Grenzen; sie legitimieren sich schon dem Namen nach, denn eine von der Natur vorgegebene Grenze scheint die Plausibilität auf ihrer Seite zu haben.

Als natürliche Grenzen gelten z. B. Flüsse. Je größer sie sind, umso deutlicher wird – so heißt es oft – ihre trennende Wirkung. Die Donau ist solch ein Strom, der beide Uferseiten trennt … aber auch verbindet! Der Dungau ist das Gegenbeispiel: Als Landschaft ist er so nach den Kriterien Boden und Landwirtschaft abgegrenzt, dass er beide Seiten der Donau umfasst und die trennenden Effekte des Stroms überwindet.

Ein ganz ähnliches Problem sind politische Grenzen. Dabei steht die deutsch-österreichische Staatsgrenze mit wechselhafter Geschichte, die zudem quer durch das Waldgebirge geht, erst gar nicht im Verdacht, eine natürliche Trennungslinie zu sein. Anders ist es da mit der deutsch-tschechischen Grenze. In manchen Abschnitten bildet die Kammlinie des Gebirges die heutige Demarkation – eine natürliche Grenze par excellence: Sie deckt sich abschnittsweise mit der europäischen Hauptwasserscheide Donau/Moldau (Schwarzes Meer/Nordsee), stellt eine Scheide im Witterungsgeschehen dar (feuchter Westen/trockener Osten) oder eine Sprachbarriere (deutsch/tschechisch). Schon bei diesem letzten Aspekt wird aber deutlich, dass der Zusammenfall von Staats- und Sprachgrenze erst nach dem Zweiten Weltkrieg durchgesetzt wurde. Doch auch die Kammlinie bildet ein Konstrukt, eine Linie der Einigung, die erst nötig wurde, als die Menschen durch Rodung und Kolonisation den ehemals weiten, unbewohnten Grenzsaum immer

Verortung des Bayerischen Waldes

weiter einengten. Als vor fast vierhundert Jahren auch im zuvor geschlossenen Waldgebirge lineare Grenzen gezogen wurden, folgte man nach heftigen Streitereien, die vorausgegangen waren, bestimmten Kriterien, die Akzeptanz fanden: den Gewässerläufen, der Kammlinie oder anderen Hilfslinien.

Natürliche Grenzen im strengen Sinn gibt es also nicht; genau genommen handelt es sich um Grenzziehungen, die vom Menschen nach ausgewählten natürlichen, kulturellen, politischen oder anderen Kriterien je nach Zielsetzung vorgenommen werden. Gerne werden sie als natürlich bezeichnet, weil sie so im Diskurs leichter durchzusetzen waren und sind. Trotz ihrer Künstlichkeit sind lineare Grenzen für uns Menschen ohne Frage wichtig: Wir brauchen sie zur Abgrenzung von Zuständigkeiten (Staaten), von Einzugsbereichen oder von Förder- und Schutzgebieten. In der Natur ist das anders. Hier sind Übergangsräume und Überschneidungsbereiche verbreitet, die mit einer linearen Grenze nicht adäquat erfasst werden können. Auch die in der Botanik beheimatete Arealkunde, die Verbreitungsgebiete von Pflanzen umreißt, hat Platz für Übergänge und Zonen des Wechsels. Grenzen sind also zum einen gemacht und dienen zum anderen bestimmten Zwecken. Auf dieser Basis kann der Grenzverlauf des Bayerischen Waldes reflektiert umschrieben werden.

Im Sinne der naturräumlichen Gliederung Deutschlands handelt es sich beim Bayerischen Wald um ein Gebiet, das unter den Aspekten der Oberflächenformen, der Geologie, der Gewässer, der Pflanzen- und Tierwelt sowie der Böden trotz erkennbarer Differenzierung mit der Höhe weitgehend einheitlich ist. Es sind aber nicht nur physisch-geographische Kriterien, die zur Abgrenzung herangezogen werden, sondern auch politische (Grenze zu Tschechien und Österreich) sowie kulturelle und historische (Grenze zum Oberpfälzer Wald).

Im Detail wird folgender Grenzverlauf im Sinne einer Bearbeitungsgrundlage vorgeschlagen: Der Donaurandbruch markiert von Regensburg bis Pleinting die Grenze im Südwesten und Westen; es folgt die Donau über Passau bis Jochenstein; die deutsch-österreichische Grenze bildet den südöstlichen Abschluss bis zum Hauptkamm; daran schließt als nordöstliche Linie die deutsch-tschechische Grenze an; den Flussläufen von Chamb und Regen folgend, wird das Gebiet im Norden umgrenzt.

Es versteht sich dabei von selbst, dass je nach sachlichen Zusammenhängen auch über diese Begrenzung hinausgegangen werden muss. Außerdem lassen sich innerhalb der Einheit Bayerischer Wald zahlreiche kleinere Untereinheiten herausstellen, die nicht übersehen werden sollen. In der Terminologie der naturräumlichen Gliederung Deutschlands handelt es sich (von Norden nach Süden) um die Cham-Further Senke, die Regensenke, den Lallinger Winkel, den Falkensteiner Vorwald, den Vorderen Bayerischen Wald, den Hinteren Bayerischen Wald, das Passauer Abteiland und die Wegscheider Hochfläche.

Trotz linearer Abgrenzungsversuche repräsentiert der Bayerische Wald einen komplexen, in sich vielfach differenzierten Raum mit – wie noch zu zeigen sein wird – endogenem Potenzial und exogener Beeinflussung. Mensch und Natur, deren Einfluss im Laufe der Zeit wiederholt wechselte, prägten ihn mit unterschiedlichen Mitteln und wechselnder Intensität.

In Weiterführung dieser Überlegungen über den Raum, seine Gliederung und Abgrenzung schließt sich nahtlos die Debatte an, ob es auch im gesellschaftlich-kulturellen Bereich so etwas wie Einheiten (und Untereinheiten) der Bewohner des Bayerischen Waldes gibt. Der Regensburger Geograph Bernd Stallhofer untersuchte in diesem Zusammenhang, ob es eine Identität des Waldlers gebe und wie sie aussehe. Als Identität bezeichnet man dabei im soziologischen Sinn die Gruppenzugehörigkeit von Menschen, das Wir-Gefühl. Dieser Begriff ist nicht starr und unveränderlich festgeschrieben zu verstehen, sondern als etwas höchst Bewegliches, das neuen Situationen immer wieder angepasst werden muss. Auch der Gegenpol zur gesellschaftlichen Identität, die Individualität, muss stets mitgedacht werden, wenn es um die Gruppenzugehörigkeit geht.

Stallhofers Ergebnisse sind höchst interessant: Den wichtigsten persönlichen Stellenwert für die Identitätsbildung erreichen die (diffusen) Kategorien Waldlandschaft, Lebensqualität, Mentalität, traditionelle Wirtschaftsstrukturen, Mundart, Kultur und Brauchtum. Das Wir-Gefühl, hier speziell das Heimatbewusstsein oder die regionale Zugehörigkeit, sei aus der Sicht vieler Betroffener durch verschiedene Elemente gekennzeichnet: Verwurzelung im Wald, harte Arbeit (der früheren Generationen), gemeinsame Sprache, hohe Ortsbindung, niedrige Umzugsbereitschaft. Stallhofer sieht diese Etiketten nicht als Stereotype oder Vorurteile an, sondern als Begriffe, hinter denen ein Repertoire an positiven regionalen Symbolen stehe, aus denen ausgewählt werde und die z. B. von lokalen Eliten der Bevölkerung zugeschrieben werden: der Wald, das (früher) entbehrungsreiche Leben oder der heutige Erholungswert. Dem stünden kontrastierend ganz bestimmte massiv abwertende Außenbilder gegenüber, also die Fremdwahrnehmung: kulturfreier und wirtschaftlich rückständiger Raum oder Hinterwäldlertum.

Derartige Unterschiede zwischen der Innen- und Außensicht sind normal und brauchen nicht weiter diskutiert zu werden; sie spiegeln die Abgrenzungsbemühungen gesellschaftlicher Gruppen und ihre wechselseitige Diffamierung. Natürlich rufen sie bei den Betroffenen sogleich einen Sturm der Entrüstung hervor. Stallhofers Befunde jedoch sind keineswegs pauschal,

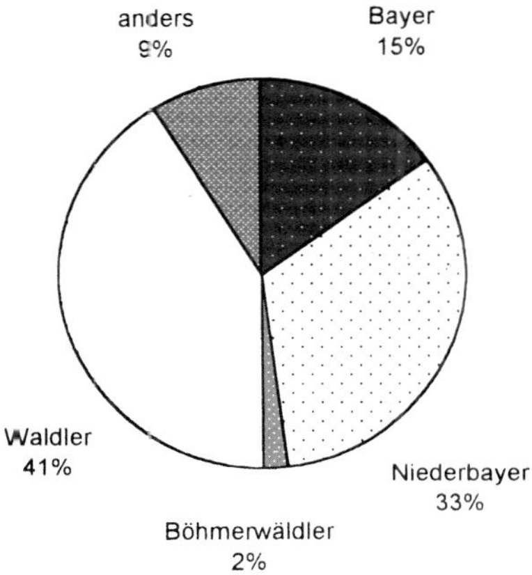

Selbstzuschreibung der Probanden im Bayerischen Wald

undifferenziert oder unterkomplex: Auch die Bewohner des Bayerischen Waldes – so seine Ergebnisse – lassen sich nicht in eine Schublade stecken. Aus den Selbstzuschreibungen wird klar, dass die individuell gefühlten und vertretenen Identitäten vielfältig sind. Bayer, Niederbayer, Waldler, Böhmerwäldler und andere regionale Identitäten stehen nebeneinander und vermischen sich sogar. Es kommt hinzu, dass alle Menschen mehrere Identitäten haben (können): Waldler, Bayern, Deutsche, Europäer und / oder Kosmopoliten.

Identitäten – so lässt sich zusammenfassen – sind Konstrukte, Zuschreibungen oder soziologische Zuordnungen; sie werden den Menschen mit ihren Besonderheiten nicht gerecht, sie treffen auf keinen Fall für alle zu, sie lenken den Blick nur auf ausgewählte Aspekte. Zusammen mit der Individualität bilden sie eine mögliche Polarität menschlichen Selbstverständnisses ab, oder um es mit den Worten des Philosophen Jaques Derrida (1930–2004) zu formulieren: Wir müssen das Identische, d. h. die gesellschaftliche Gruppenzugehörigkeit, und das Nicht-Identische, d. h. das hiervon Abweichende, das Individuelle, zusammen sehen, um den Bewohnern gerecht zu werden und das Denken in Schubladen zu überwinden.

2 Natur und Zeit

Der Bayerische Wald steht für viele Besucher, die von außen kommen, als Inbegriff für Natur und Waldeinsamkeit. Fraglos gibt es in ihm naturnahe oder naturbelassene Bereiche, doch generell handelt es sich um Kulturland, das vom Menschen gestaltet ist. Die Debatte um das Verhältnis von Mensch und Natur kann daher am Beispiel dieses Waldgebirges sehr ertragreich geführt werden – erst recht, wenn sie um die Zeitschiene erweitert wird, wie sie gut in eine *Kleine Geschichte des Bayerischen Waldes* passt.

Aus dem weiten Feld seien vier Bereiche ausgewählt: KLIMA UND KLIMAWANDEL sind aktuelle Themen in Öffentlichkeit und Wissenschaft, die kontrovers diskutiert werden. Wir wissen heute mehr über dieses komplexe Thema, erkennen aber nicht sogleich einen Bezug zur Region oder zum Nahraum. Am höchsten ist der Komplexitätsgrad vielleicht, wenn die TIEFE DER ZEIT mit ihren Entwicklungen in den Blick gerät. Allein die Zeit der letzten Jahrtausende zu überschauen ist für den Menschen eine riesige Herausforderung; um ein Vielfaches mehr gilt das allerdings für geologische Zeitdimensionen, die (spekulativ) rund 4,5 Mrd. Jahre zurückreichen. Alle drei angeführten Themenbereiche (Klima, Vegetation und Geologie) lassen das hochkomplexe Zusammenspiel von Natur und Zeit mit jeweils eigenen Facetten aufscheinen. Auch bei der Vegetation, den BÖDEN oder der TIERWELT stellen wir immer wieder den Bezug zu Natur und Zeit her, oft ohne zufriedenstellende Antworten zu finden. Am Beispiel des NATIONALPARKS Bayerischer Wald/Šumava soll schließlich verdeutlicht werden, wie unsere heutige Gesellschaft dieses Themenfeld aufgreift, bewertet und inszeniert.

Klima

In der Umgangssprache werden die Begriffe Klima, Witterung und Wetter mit fließenden Übergängen, unscharf und zumeist unreflektiert gebraucht: Das Klima des Bayerischen Waldes gilt als rau, der Winter als hart und der Sommer als erfrischend, ohne dass dieser Kategorisierung im Einzelfall genannte Kriterien zugrunde liegen. Es sind Erfahrungswerte, die plausibel in knappe Charakterisierungen umgemünzt werden und die Witterungsverhältnisse in den einzelnen Monaten oder Jahreszeiten zutreffend kennzeichnen.

In der Meteorologie geht man, wie es in den Wissenschaften grundlegend ist, einen systematischen Weg mit messerscharf definierten Begriffen. Als Klima bezeichnet man so den atmosphärischen Zustand eines Gebiets im langjährigen Mittel. Einzelne Klimaelemente (Luftdruck, Luftfeuchtigkeit, Temperatur, Niederschlag, Verdunstung, Bewölkung, Strahlung, Wind) werden an Klimastationen gesammelt, monatlich zusammengefasst, in Zeitreihen von mindestens 30 Jahren eingeordnet sowie nach Mittelwerten, Häufigkeiten, Abfolgen und Extrema ausgewertet. So entstehen klimatische Zuordnungen, die auf gemessenen Datenreihen beruhen, unter standardisierten Bedingungen gewonnen wurden und vergleichende Schlüsse erlauben.

Die Karte auf S. 18 zeigt, wie das Klima des Bayerischen Waldes auf der Grundlage von zwei Klimaelementen (jährlicher Niederschlag, Monate mit mind. 10 °C) aussieht. Folgende drei zentrale Aussagen sind hieraus abzuleiten: 1. Beide Klimaelemente spiegeln die Oberflächenform: Die langgezogene Regensenke hat mildere Temperaturen als die Höhen von Bayerischem und Böhmerwald. 2. In den höchsten Lagen um Arber und Rachel werden Niederschläge über 1600 mm/a erreicht – in Deutschland gibt es derartige Werte sonst nur in den Hochlagen des Südschwarzwalds und in den Alpen. 3. Die Temperaturunterschiede zwischen den Hochlagen, der Regensenke und dem donaunahen Vorwald sind beträchtlich. Während um Arber und Rachel nur zwei Monate mit ≥10 °C erreicht werden, sind es am Donaurandbruch bei Bach, Tegernheim und Donaustauf fünf.

Genauere, aber auch örtlich begrenzte Aussagen sind aus den Datenreihen im Kasten auf S. 20/21 ablesbar. Beim Höllenstein-Kraftwerk (402 m ü. N. N. am Regen, zwischen Viechtach und Bad Kötzting) ist die Lufttemperatur niedriger als im

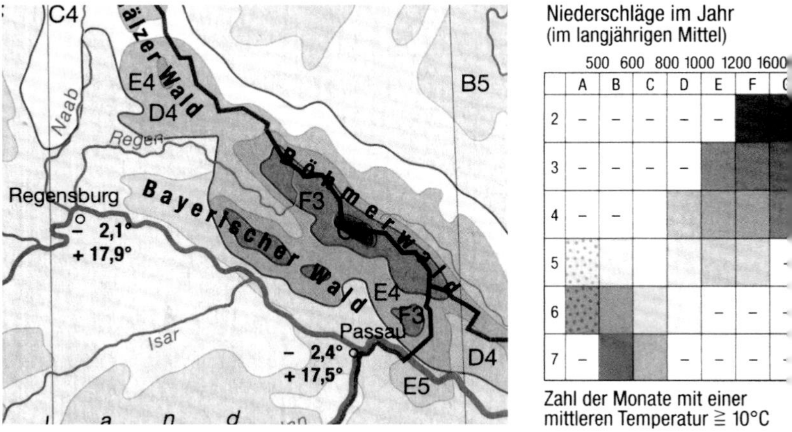

Klimatische Differenzierung des Bayerischen Waldes

höher gelegenen Cham; diese scheinbare Anomalie ist mit der von den Höhen abfließenden Kaltluft zu erklären, die sich im Tal des Schwarzen Regen sammelt und die Temperatur drückt. Analog sind hier auch die Frosttage höher als zu erwarten. Beim Niederschlag spielt die Lage zu den regenbringenden Westwinden eine große Rolle: Der Große Falkenstein ist in diesem Sinn ein Regenfänger; er liegt im Luv der durchziehenden Tiefdruckgebiete. Am Kraftwerk Höllenstein reduziert die Leelage (Windschatten) den Niederschlag, im offenen Chamer Becken schließlich ist der Niederschlag deutlich niedriger.

Trotz des modifizierenden Einflusses von Gelände und Lage der Messstation ist generell eine dreifache Differenzierung des Klimas festzuhalten: 1. Die Klimaelemente ändern sich mit der Höhe. Niederschläge, Windgeschwindigkeit und Anzahl der Schneetage steigen mit der Höhe, während Temperatur und Verdunstung sinken. 2. Von Süden nach Norden nehmen die Temperaturen wegen der sich geringfügig ändernden Einstrahlung ab. 3. Von Westen nach Osten nimmt die Kontinentalität des Klimas zu. Sie kommt in der wachsenden Spanne (Amplitude) zwischen kältestem und wärmstem Monat zum Ausdruck.

Im jahreszeitlichen Entwicklungsgang von Atmosphäre und Vegetation zeigt sich diese dreifache Differenzierung ebenfalls. So bestätigt der mittlere Beginn der Apfelblüte am Beispiel des südlichen Bayerischen Waldes (Abb. auf S. 22), wie einerseits die Erhebung des Gebirges eine Verzögerung des einziehenden Vollfrühlings bedeutet und andererseits die Talzüge von Ilz und Erlau eine kleinräumige klimatische Besserstellung bewirken.

Die Niederschlagshöhen steuern dabei das Abflussverhalten der Flüsse. Der Regen, die Ilz und weitere Zuflüsse aus dem Bayerischen Wald, nicht aber die südwestlich vorbeifließende Donau gehören in die Gruppe des Kontinentaltyps der Mittelgebirge mit einem Maximum im April / Mai und einem Minimum im September, wobei die Schwankungen von Jahr zu Jahr beträchtlich sind. Der im Schnee gebundene winterliche Niederschlag sowie die sommerliche Verdunstung und die Aufnahme der Feuchtigkeit durch Böden und Pflanzen bilden die zentralen Ursachen dafür, dass Niederschlags- und Abflussmaximum nicht übereinstimmen.

Die Atmosphäre ist ein dynamisches System mit natürlichen und vom Menschen verursachten Schwankungen. Beide sind schwer voneinander zu trennen und auch im Rückblick nicht einfach zu beurteilen; die Zukunft schließlich lässt sich trotz großer Datenfülle nur näherungsweise über Szenarien erahnen. Ein vergleichender Blick über die letzten 1000 Jahre (s. Abb. auf S. 23) ist sehr aufschlussreich: Unterschiedlich warme und kalte Epochen sind klar auszumachen; auch bei der Feuchtigkeit gibt es erhebliche Schwankungen. Die langfristige Entwicklung (geschwungene Linie) der Temperatur z. B. zeigt zwar nur geringe Schwankungen von wenig mehr als 0,25 °C, doch die mittelfristigen Werte (gezackte Linie) erreichen fast das Fünffache. Die aktuelle Phase, das moderne Klimaoptimum, steht dem mittelalterlichen Optimum sowie der zwischengeschalteten Kleinen Eiszeit gegenüber. Beide Optima sind nicht identisch, wie die Analyse der Details erweist: Während beim mittelalterlichen Optimum heiße Sommer und kalte Winter dominierten, sind es beim modernen Optimum milde Winter und gemäßigte Sommer – eine trügerische Gleichsetzung also.

Klimaelemente ausgewählter Stationen des Bayerischen Waldes

	Höhe ü. N.N.	Jan	Feb	Mär	Apr	Mai
Lufttemp. (°C) Cham	420	-2,1	-0,7	3,1	7,7	12,3
Höllenstein	403	-3,0	-1,7	1,7	6,3	11,1
Gr. Falkenstein	1307	-4,7	-4,1	-1,8	1,8	6,3
Straubing	350	-2,7	-0,3	3,9	8,5	13,3
Passau-Oberhaus	409	-2,4	-0,3	3,5	8,0	12,8
Frosttage Cham	420	26	21	17	6	1
Höllenstein	403	27	23	21	11	2
Gr. Falkenstein	1307	30	26	25	18	6
Niederschlag (mm) Cham	420	50	43	47	49	65
Höllenstein	403	54	51	57	58	78
Gr. Falkenstein	1307	114	110	99	89	106
Straubing	350	57	47	50	51	76
Passau-Oberhaus	409	72	62	64	62	90
Schneedeckentage Rusel-Irlmoos	840	30,1	27,0	22,1	4,4	0,3
Gr. Falkenstein	1307	31,0	28,3	31,0	25,8	8,2

Die Klimaforschung zieht zur Erklärung dieser großen, säkularen Schwankungen – und damit des Klimawandels – Änderungen bei den nordhemisphärischen Zirkulationsverhältnissen in der Atmosphäre und den Ozeanen sowie menschliche Einflüsse (z. B. CO_2-Emissionen) heran, also globale Schwankungen und Veränderungen, wie sie für dynamische Systeme kennzeichnend sind. Der zudem starke

Jun	Jul	Aug	Sept	Okt	Nov	Dez	Jahr
15,9	17,3	16,6	13,3	8,2	3,0	-0,6	7,8
14,8	16,1	15,4	12,0	6,8	2,3	-1,4	6,7
10,1	11,6	11,4	8,7	5,0	-0,2	-3,2	3,4
16,5	18,1	17,5	13,9	8,4	3,2	-0,5	8,3
15,8	17,5	16,8	13,4	8,5	2,9	-0,9	8,0
–	–	–	0	4	12	22	110
0	–	–	0	7	16	24	131
1	0	–	1	10	22	28	166
90	98	81	56	47	46	58	730
114	113	88	64	56	53	67	853
150	147	123	91	76	98	143	1346
91	85	87	64	53	60	62	783
107	100	99	63	63	72	84	934
–	–	–	–	1,9	8,3	25,1	119,2
0,5	–	–	0,2	4,7	17,7	28,8	176,2

Wechsel von Jahr zu Jahr, der in den mittelfristigen Werten (gezackte Linie) sichtbar wird, macht deutlich, dass Normaljahre, die genau dem Trend oder dem Mittelwert entsprechen, kaum auszumachen sind. Bestimmt liegt es auch daran, dass der (langfristige) Klimawandel von uns Zeitgenossen im Alltag kaum zu erkennen ist – jedenfalls nicht an den Wetter- und Witterungsereignissen; schon eher an Veränderungen bei

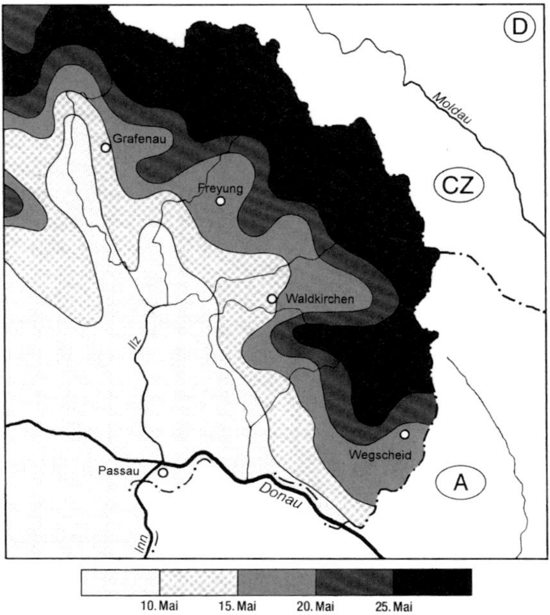

Mittlerer Beginn der Apfelblüte im südlichen Bayerischen Wald

der Vegetation. Für die Siedlungsgeschichte ist dieser Wandel fraglos ein steuernder Faktor.

Geologie

Der Bayerische Wald ist in der Sprache der Geologen ein altes Kristallingebiet, d. h. eine Zone des Erdaltertums, in der Gesteine aus kristallisiertem Material überwiegen. Weit verbreitet sind Gneis und Granit. Sie bestehen im Wesentlichen aus Feldspat, Quarz und Glimmer, der durch seinen silbrigen Glanz sofort auffällt. Ein bekannter Merkspruch hierzu lautet: Feldspat, Quarz und Glimmer, die vergess' ich nimmer! Der Name Granit kommt von lat. *granum* (Korn), denn so kennen wir den Granit, z. B. als Bord- oder Pflasterstein: ein mehr oder weniger grob

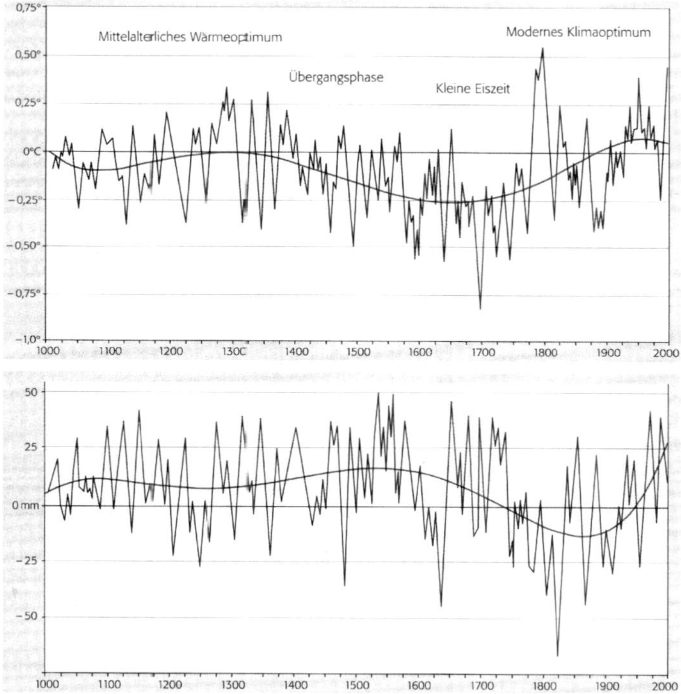

Jahresgang von Temperatur (o.) und Niederschlag (u.) seit dem Jahr 1000 in Mitteleuropa

sortierter Stein, gepunktet und gescheckt von seinen drei Hauptbestandteilen, dem schwarzen Feldspat, dem hellen Quarz und dem glitzernden Glimmer. ↗Zirkonkristalle des anstehenden Gneises, die aus dem Regensburger Wald bei Völling (Markt Falkenstein) stammen, konnten auf etwa 3,8 Mrd. Jahre datiert werden – die ältesten in Deutschland erwiesenen Gesteinskomponenten!

Zusammen mit dem Oberpfälzer und dem Böhmerwald (Šumava) bildet der Bayerische Wald den südwestlichen Rand der Böhmischen Masse, die selber Teil einer größeren Einheit ist: des Moldanubikums (Kunstwort, zusammengesetzt aus

Moldau und Donau). Die Anfänge in der Erdurzeit sind unsicher. Grundsätzlich gilt: Je weiter wir in die Erdgeschichte zurückgehen, desto ungenauer sind unsere Kenntnisse. Nach der Theorie der Plattentektonik, die das Entstehen und Vergehen von Kontinenten und Ozeanen in einen begründbaren Zusammenhang bringt, stammt dieses alte Kristallingebiet aus der Zeit des Übergangs vom Präkambrium zum Kambrium, aus dem Übergang von der Erdurzeit (Kryptozoïkum) zum Erdaltertum (Paläozoïkum); sein Alter wird mit rund 700 Mio. Jahren veranschlagt.

Erdgeschichtliche Abschnitte und tektonische Phasen

Alter (in Mio. J.)	Zeitalter	System	Tektonische Phase
2,5	**Erdneuzeit**	Quartär	
66	(Känozoikum)	Tertiär	Alpi-
141	**Erdmittelalter**	Kreide	dische
211	(Mesozoikum)	Jura	Faltung
251		Trias	
290		Perm	Variskische
360		Karbon	Faltung
410	**Erdaltertum**	Devon	
440	(Paläozoikum)	Silur	
500		Ordovizium	
590		Kambrium	
	Erdurzeit	Proterozoikum	
>4.500	(Kryptozoikum)	Archaikum	

Im Laufe der Erdgeschichte war dieses Massiv vielen unterschiedlichen Einflüssen aus dem Erdinnern und von außen ausgesetzt, so dass es eine sehr bewegte Geschichte aufzuweisen hat. Es gibt kaum eine geologisch-tektonisch bewegtere Region in Deutschland als den Bayerischen Wald.

Ein ganz massiver Einschnitt setzte bereits im Erdaltertum ein, in den Zeiten des Devons und Karbons, vor 400 bis 300 Mio. Jahren. Als Folge von kollidierenden ↗Lithosphären-Platten

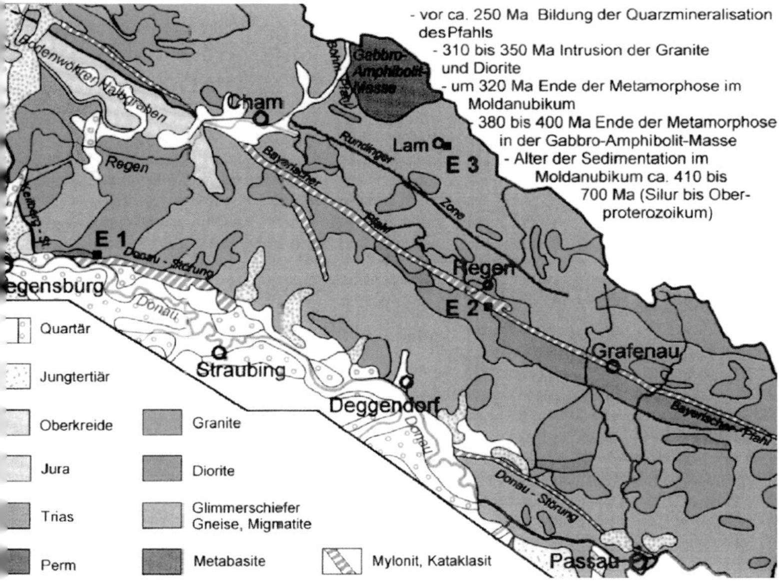

Geologie des Bayerischen Waldes

entstand im Vorgänger des heutigen Europas das Variskische Gebirge; seine Überreste finden sich im französischen Zentralmassiv, in den Vogesen und im Schwarzwald, im Rheinischen Schiefergebirge, im Harz, im Thüringer Wald, Frankenwald und Erzgebirge, in der Kette vom Fichtelgebirge bis zum Bayerischen Wald, im Böhmischen Massiv und in den Sudeten.

Im ersten Schritt wurde das Gestein im Erdinnern unter hohem Druck und hohen Temperaturen aufgeschmolzen; die Kristalle veränderten sich, das Gestein wurde deformiert und überprägt.

Im zweiten Schritt drangen entlang von Schwächelinien Gesteinsschmelzen, so genannte Intrusionen, aus dem Erdinneren bis an die Erdoberfläche vor. Das Paradebeispiel hierfür ist der Quarzitrücken des Pfahls. Es handelt sich um ein bis 100 m breites, mit Quarzit ausgefülltes Spaltensystem, das über 150 km als tektonische Schwächelinie vom Oberpfälzer Wald über den

Bayerischen Wald bis ins Mühlviertel Oberösterreichs zu verfolgen ist. Als heiße Quarzlösungen stiegen flüssige Materialien bis in spät- und postvariskische Zeiten in den Spalten nach oben. Weil es jedoch mehrere Schwächesysteme gibt, existieren auch mehrere Pfähle: Neben dem genannten Bayerischen Pfahl befindet sich nördlich von Furth der 65 km lange Böhmische Pfahl und donaunah erstreckt sich von Vilshofen bis Passau ein langer Quarzgang; zusätzlich gibt es in parallelen Spaltensystemen kleinere Quarzgänge, so genannte Nebenpfähle.

Als Folge der Intrusionen und der Kollision der Platten kam es im dritten Schritt zur Gebirgsbildung. Das Variskische Gebirge mag vor 300 Mio. Jahren wie ein Hochgebirge mit steil aufragenden Graten und Kämmen ausgesehen haben – genau wissen wir das nicht, weil mit der Gebirgsbildung auch die Abtragung einsetzte. Parallel hierzu wurden an anderen Stellen Sedimente, die an organischen Substanzen reich waren, im Rahmen der Gebirgsbildung eingeschlossen und hohem Druck ausgesetzt; so entstanden die Graphiteinlagerungen von Kropfmühl (Kreis Passau).

Im vierten Schritt wurde das Gebirge im Laufe der Jahrmillionen – vor allem unter tropischen Klimabedingungen – abgetragen und eingeebnet. Es erhielt allmählich das Aussehen eines Mittelgebirges, wie wir es heute kennen, mit Verebnungen in verschiedenen Höhenstufen und nur wenig markanten Gipfeln. Lediglich besonders widerstandsfähige Schichten wie die Quarzite der Pfahlzone konnten sich gegenüber der Verwitterung behaupten. So kommt es, dass der Pfahl, der ursprünglich die Spalten innerhalb des Gesteins erfüllte, heute in einer Art von Reliefumkehr das umliegende Gebirge überragt – sofern er nicht bereits abgebaut ist wie bei Zwiesel, wo das Material zur Glasproduktion genutzt wurde.

Ein zweiter, durchaus vergleichbarer Einschnitt in das Erscheinungsbild des Bayerischen Waldes ist mit der Alpidischen Gebirgsbildung verbunden, die in der Jurazeit vor rund 210 Mio. Jahren begann, im Tertiär ihren Höhepunkt hatte und bis ins Quartär, die geologische Gegenwart, reicht. Als Auslöser ist ebenfalls die Kollision zweier Platten (Afrikanische und Eurasische Platte) auszumachen. Das Variskische Gebirge geriet hierbei

Der Pfahl bei Viechtach

unter seitlichem Druck, zerbrach und wurde teils herausgehoben, teils abgesenkt. Der ↗Donaurandbruch, der von Regensburg über die Walhalla, Bach und Wörth bis Deggendorf mit bloßem Auge zu erkennen ist, bildet die Grenze: Zur Donau hin taucht das Gebirge tief in den Untergrund ab, auf der anderen Seite steigt es jenseits dieser Linie zunächst rund 300 m auf. Diese Anhebung erfolgte nicht schlagartig, sondern im Laufe von Jahrmillionen. Geologen datieren sie ins mittlere Tertiär. Die Sedimentschichten des Erdmittelalters (Mesozoïkum) wurden daher zum allergrößten Teil abgetragen, und das kristalline Grundgebirge wurde wieder sichtbar – von vereinzelten Restschollen aus dem Jura (Natternberg, Schlossberg Offenberg bei Metten, Schlossberg Steinach bei Straubing: gleich neben der Autobahn A 3) abgesehen. Seit 2009 führt ein Geopfad durch die Tegernheimer Schlucht entlang der Nahtstelle von Moldanubikum und Kalken der Jurazeit.

Die Konsequenzen der Heraushebung waren gravierend: Das Gewässernetz musste sich der neuen Oberflächenform anpassen. Viele Wasserläufe wie die Hengersberger Ohe, der Ottersbach bei Sulzbach a. d. Donau oder der Perlbach bei Bach folgen direkt der Abdachung und erreichen nach nur kurzem Lauf die Donau; lediglich im südöstlichen Passauer Wald erreichen Gaißa, Erlau und besonders die Ilz größere Längen. Einen Sonderfall stellt der Regen dar: Er entspringt am Fuß des Großen Arbers im Hinteren Wald, folgt von Regen über Viechtach und Cham bis Roding der Senkungszone zwischen Vorderem und Hinterem Wald und schwenkt erst bei der Ruine Stockenfels auf einen nord-südlichen Lauf um, den er bis zur Mündung in Regensburg beibehält. In Folge dieses gewundenen Verlaufs verfügt der Regen über ein Einzugsgebiet, das kein anderer Donauzufluss des Bayerischen Waldes erreicht.

Die Donau selber hat eine ganz spezielle Flussgeschichte. Ihre Eintiefung konnte mit der langsamen Heraushebung im Tertiär Schritt halten. So ist es zu erklären, dass der Fluss bei Pleinting, einem Ortsteil von Vilshofen, scheinbar in das Gebirge hineinfließt, das er auf seiner Strecke durch Passau und an Engelhartszell vorbei erst bei Aschach in Oberösterreich wieder verlässt. Bei den Landschaftsnamen bildet die Donau aber trotzdem eine klare, von den Menschen gemachte Grenze: Auf der linken Donauseite liegt der Bayerische Wald, auf der rechten der Neuburger Wald (von Pleinting bis Passau) und der Sauwald (zwischen Passau und Aschach).

Den letzten geologischen Schliff erhielt der Bayerische Wald während der pleistozänen Eiszeiten, die vor 10.000 Jahren zu Ende gingen, und im anschließenden Holozän. Nur im Umfeld der Kammlagen des Grenzgebirges gab es Kar- und kleinere Talvergletscherungen, die vor 20.000 Jahren ihren Maximalstand verzeichneten: am Kleinen und Großen Arbersee, am Lacken- und am Rachelsee sowie auf tschechischer Seite am Schwarzen See, Teufelssee, Stubenbacher und Plöckensteiner See. Der Rest des Bayerischen Waldes lag im Umfeld des Eises, entweder in der Frostschuttzone oder – bei tieferer Lage in Donaunähe – im Bereich der Tundrenzone (Gräser, Moose, Sträucher). Hier verfingen sich die Staubstürme der Jahrtausende zwischen der spärlichen Vegetation und schufen mit dem abgelagerten Löss die Grundlage der Bodenbildung. Allerdings wurden auch im Vorwald nie solche Mächtigkeiten wie im Dungau zwischen Regensburg und Vilshofen erreicht. Mit der schrittweise erfolgenden nacheiszeitlichen Erwärmung kam auch der Wald auf, der namensgebend für das heutige Gebirge wurde.

Vegetation

Der Einfluss des Klimas auf das Gestein kommt in der Bodenbildung zum Ausdruck; Boden, Gestein und Klima ihrerseits steuern die Entwicklung der Vegetation. Die nacheiszeitliche Vegetationsgeschichte ist als Teil der Umweltgeschichte folglich ein spannendes und komplexes Thema, das einerseits über Pollenanalyse und Dendrochronologie (Datierung der Jahresringe von Bäumen) rekonstruiert wird und andererseits noch um die Aspekte der Welt der Tiere und des Menschen zu ergänzen ist.

Der heutige Bayerische Wald wandelte sich beim Wechsel der natürlichen Bedingungen vor etwa 10.000 Jahren Schritt für Schritt vom Offenland mit Gräsern, Moosen und Sträuchern zum Waldland. Die waldlose Tundra wurde zunächst von Birken und Kiefern zurückgedrängt. Im nacheiszeitlichen Klimaoptimum, dem Atlantikum (ca. 5500–2500 v. Chr.), waren bereits die Höhen der Mittelgebirge bewaldet; der wärmeliebende Eichenmischwald mit Ulmen, Eichen, Fichten, Linden und Eschen breitete sich aus, dem erst in der Späten Wärmezeit, dem Subboreal (ca. 3700–450 v. Chr.), Tanne und Buche folgten.

In die immer dichter werdenden Wälder zogen neue Bewohner ein, z. B. die typischen Waldtiere Rothirsch, Fuchs und Hase; auch die Bären konnten sich ohne Schwierigkeiten in dieser baumreichen Umwelt zurechtfinden. Größte Probleme hatte hingegen der Mensch der Alt- und Mittelsteinzeit: Er folgte entweder den Rentieren in die weiter nördlich verbliebenen Tundrengebiete oder er musste sich komplett auf die neuen Lebensverhältnisse umstellen. In den neuen Waldgebieten jedenfalls waren die Grenzen für die stein- und bronzezeitlichen Menschen eng gesteckt; der Pflanzenökologe und Geobotaniker Küster fasst es so zusammen: „Möglicherweise konnten in einer Umwelt, die fast ausschließlich aus dichtem Wald bestand, zunächst weniger Menschen ein Auskommen finden als im offenen Grasland der vorhergehenden Epochen“ (Küster 1996, S. 68).

Die menschlichen Gruppen der Jungsteinzeit, des Neolithikums (etwa 4500–2200 v. Chr.), wandten sich daher an geeigneten Standorten dem Ackerbau zu, besonders im Dungau mit seiner Klima- und Bodengunst. Aus dem meterhoch angewehten Löss entwickelte sich im warmen Atlantikum die tiefgründige, sehr fruchtbare Schwarzerde, die nur an besonders trockenen Standorten bis heute erhalten blieb. Unter dem Einfluss starker Niederschläge wurde der Boden im Laufe der Zeit ausgewaschen und degenerierte zu ↗Parabraunerden. Im Neolithikum blieb der Anteil des ↗Offenlandes auch im Tiefland gering; um die Zeitenwende lag er bei 10–20 %. Das Waldgebirge spielte in dieser Zeit eine stark untergeordnete Rolle, es wurde wirtschaftlicher Ergänzungs- und Durchzugsraum, z. B. für die Sammelwirtschaft und die Holznutzung. Für die Römer war der Donaulimes kein schlechter Kompromiss bei der Grenzziehung: Der Fluss markiert unter strategischen Aspekten eine ideale Außenlinie, das agrarische Gunstgebiet des Dungaus ist eingeschlossen, das weniger attraktive Waldgebirge bleibt außen vor.

Erst mit der dauerhaften und ortsfesten Erschließung des Waldgebirges nach 1000 änderte sich dieser Zustand: Von den donaunahen Randgebieten ausgehend, drangen die Menschen rodend in den Wald vor, schufen Inseln und Flächen des Ackerbaus und nutzten auch den Wald für ihre Zwecke. Die Birkenberge des Bayerischen Waldes bei Deggendorf sind Zeugnis einer bäuerlichen Waldnutzung (Wald-Feld-Wechselwirtschaft), die fast bis in die Gegenwart reicht.

Erst im 18. Jh. nahmen die Landesherren die massive Degradierung und Devastierung der Wälder als Folge einer übermäßigen Nutzung wahr. Insbesondere die Waldweide, aber auch der Holzeinschlag, die Köhlerei oder die wandernden Glashütten waren ihnen ein Dorn im Auge. Schritt für Schritt wurden die Prinzipien einer geordneten Forstwirtschaft eingeführt, die in erster Linie die Produktivität des Waldes dauerhaft erhöhen sollten. Raschwüchsige und leicht zu bearbeitende Nadelholzarten, besonders Fichten, drangen seit dieser Zeit in Altersklassenbeständen in das Waldgebirge ein.

Die Geschichte des Waldes – so viel deutet sich bereits jetzt an – ist in nacheiszeitlicher Perspektive zwar von generellem Zuwachs, sich ändernder Artenzusammensetzung und massiver Ausbreitung gekennzeichnet. Bei genauerem Hinsehen bestimmen aber in historischer Zeit oszillierende Bewegungen den Entwicklungsgang, sprich: in Phasen der Siedlungsexpansion schrumpfte der Wald, in Phasen des wirtschaftlichen Niedergangs als Folge von Kriegen, Epidemien oder natürlichen Katastrophen gewann er wieder an Fläche.

Nationalpark Bayerischer Wald / Šumava

In das große Kapitel der nacheiszeitlichen Vegetationsgeschichte fügt sich der Nationalpark Bayerischer Wald nahtlos ein. Wie bei den 14 weiteren Nationalparks in Deutschland wird auch hier (neben den Anliegen der wissenschaftlichen Forschung) das Ziel verfolgt, einen möglichst ungestörten Ablauf der natürlichen Vorgänge sicherzustellen. Aufgrund der jahrhundertelangen menschlichen Eingriffe durch Siedlungen, Gewerbe und Verkehr, die auch in den Hoch- und Kammlagen erfolgt waren, handelt es sich nicht um eine Naturlandschaft, die 1970 unter Schutz gestellt wurde, sondern bestenfalls um seminatürliche, in der Regel aber um Kulturlandschaften.

Der Nationalpark: Konzept und Struktur

Nationalparks sind Schutzgebiete, die der Unversehrtheit, dem Schutz und der ungestörten Entwicklung von Ökosystemen mit dem Ziel des Erhalts von Biodiversität dienen. Hier stehen nicht die Bedürfnisse der Menschen, sondern die ungestörte Entwicklung der Natur im Vordergrund.
Der Nationalpark Bayerischer Wald, gegründet 1970, ist der älteste derartige Park in Deutschland. Nach anfänglich bescheidenem Zuschnitt verdoppelte sich seine Fläche 1997 auf rund 24 000 ha. In seinem Kern, der NATURZONE (57,3 %), haben natür-

liche Prozesse Vorrang; in der anschließenden Entwicklungszone (18,9 %) werden die Wälder schrittweise der Natur überlassen; in der Randzone (22,1 %) dienen Waldschutzmaßnahmen dem Erhalt der angrenzenden Bauern- und Staatswälder. Die Erholungszone (1,7 %) ist auf die Besucher zugeschnitten.

1991 wurde nach der Grenzöffnung als räumliche und sachliche Ergänzung auf tschechischem Gebiet der Nationalpark Šumava gegründet. Er hat fast die dreifache Größe des Nationalparks auf bayerischer Seite. Das grenzüberschreitende Schutzgebiet bildet einen wichtigen Teil des größten zusammenhängenden Waldgebiets Mitteleuropas.

Die höchsten Erhebungen befinden sich auf der von Nordwesten nach Südosten verlaufenden Kammlinie, die abschnittsweise auch die Grenze bildet: Großer Falkenstein (1315 m), Mittagsberg (Poledník, CZ, 1314 m), Lusen (1373 m), Rachel (1453 m), Dreisesselberg (D/CZ, 1333 m), Plöckenstein (CZ/A, 1379 m); der Große Arber (1456 m), die höchste Erhebung des Grenzgebirges, der Große Osser (1283 m) oder die Seewand (Jezerní Hora, CZ, 1343 m) liegen bereits außerhalb des bayerisch-böhmischen Nationalparks.

Sogenannte Urwaldreste, die bereits seit über 100 Jahren unter Schutz stehen, sind auf bayerischer Seite das Höllbachgspreng am Großen Falkenstein, auf böhmischer das Waldgebiet um den Kubany (Boubín, 1362 m) bei Obermoldau (Horní Vltavice).

Damit sich wenigstens in heutiger Zeit das Waldökosystem mit Vegetation, Tierwelt, Gewässern und Böden in seiner natürlichen Dynamik entfalten kann, wurde ein rund 24.000 ha großes Gebiet in den Landkreisen Regen und Freyung-Grafenau unter Schutz gestellt. Auf tschechischer Seite schließt der über 68.000 ha große Nationalpark Šumava an.

Um die Ziele und Ansprüche der Nationalparkverwaltung und die Bedürfnisse der lokalen Bevölkerung miteinander abzustimmen, wurde ein Zonierungskonzept erstellt. In die innere Naturzone greift der Mensch nicht mehr ein; die Natur bleibt sich selbst überlassen, auch extreme Wetterereignisse mit großflächigem Windbruch und anschließendem Borkenkäferbefall können diesen Ansatz nicht schwächen. Auch in der Randzone gibt es keine waldbauliche Nutzung, wohl aber eine Bekämpfung des Borkenkäfers, um die anschließenden bäuer-

Urwüchsig und wild oder Projektion einer ökologisierten Gesellschaft? – Briefmarke „Nationalpark Bayerischer Wald", 2005

lichen Wälder vor Schaden zu bewahren. Auf die kleinen Erholungszonen konzentriert sich das touristische Angebot mit zahlreichen Bildungseinrichtungen (Nationalparkzentren, Jugendwaldheim, Lehr- und Erlebnispfade u. a.). Bei jährlich über 700.000 Besuchern kann man ahnen, dass die Ziele und Wünsche der verschiedenen Akteure nicht widerspruchsfrei zu erreichen sind. In der nördlichen Erweiterungszone, die erst 1997 zum Nationalpark hinzukam, sollen die Waldgesellschaften schrittweise an einen naturnäheren Zustand herangeführt werden – eine Aufgabe für Generationen.

Doch widerspruchsfrei ist dieses Konzept nicht. Nach dem massiven Borkenkäferbefall der 1990er-Jahre hielten die betroffenen Waldbesitzer angesichts der Untätigkeit der Nationalparkverwaltung ihren Zorn nicht zurück und protestierten – u. a. in Spiegelau – massiv und öffentlichkeitswirksam gegen die aktuellen Zustände: Mehrere hundert Hektar (besonders in den Hochlagen) wurden jährlich vom Borkenkäfer befallen und vernichtet – den Waldbauern ging es um ihre materielle Existenz.

Die je nach Höhenstufe und Exposition unterschiedlichen Waldgesellschaften sollen sich nach dem Konzept der Nationalparkverwaltung ganz nach natürlichen Dynamiken entwickeln können, d. h. zu naturnahen Wäldern werden. In den niedrigeren Lagen (700–900 m) sind es die Aufichtenwälder, die auf feuchten, sauren Standorten vornehmlich entlang von Gewässern verbreitet sind. Der Bergmischwald mit Buche, Fichte und Tanne nimmt in Höhenlagen von 700 bis ca. 1150 m weite Flächen ein. In den Hochlagen stockt der Bergfichtenwald.

Die Zusammensetzung dieser zonalen Wälder hat sich infolge der nacheiszeitlichen Klimaentwicklung, früherer menschlicher Nutzung, aber auch überholter forstwirtschaftlicher Konzepte stark geändert: Nahm die Fichte vor 2500 Jahren, d. h. zu Beginn des Subatlantikums, der aktuellen Klimaphase, in den Hochlagen 40 %, in den Hanglagen 20 % und in den Tallagen 10 % ein, so sind es heute 90 %, 58 % und 83 %; die Fichte profitierte von der produktiven Forstwirtschaft, die in der Mitte des 19. Jhs. eingeführt wurde. Umgekehrt ist es bei Tanne (500 v. Chr.: 30 %, 40 %, 40 %; heute: 0 %, 3 %, 5 %) und Buche (500 v. Chr.: 30 %, 40 %, 50 %; heute: 0 %, 34 %,6 %).

In die Wälder eingestreut gibt es v. a. auf Verebnungen und in staunassen Lagen Hochmoore wie Klosterfilz und Großer Filz bei St. Oswald-Riedlhütte oder auf böhmischer Seite das Ferchenhaider Moos bei Ferchenhaid/Borová Lada. Im Laufe der Jahrhunderte sind meterhohe Schichten aus Torfmoos herangewachsen, auf denen Besenheide, Blaubeeren und Wollgräser wachsen. Die Oberfläche ist uhrglasförmig aufgewölbt, die höchste Stelle befindet sich in der Mitte. Da viele Moore früher abgetorft wurden, handelt es sich bei den verbliebenen um Reliktformen.

Umgangssprachlich ist es verbreitet, die tiefen, dunklen Wälder des deutsch-böhmischen Grenzgebiets als Urwälder zu bezeichnen. Schon Adalbert Stifter (1805–1868), der Dichter des Böhmerwaldes, dem 1877 unweit des Plöckensteins (1379 m) mitten im Wald ein Denkmal gesetzt wurde, beschrieb und verherrlichte das Waldgebirge literarisch.

Zwei Beispiele für derartige Urwälder seien herausgegriffen: Das Urwaldgebiet Mittelsteighütte bei Zwieslerwaldhaus, das heute als Naturschutzgebiet gut 45 ha umfasst, ist in Wirklichkeit ein seit dem ausgehenden 18. Jh. wenig genutzter Wald, der 1914 zum Schon- und 1939 zum Naturschutzgebiet erklärt wurde. Der Kubany-Urwald (Boubínský prales) bei Obermoldau (Horní Vltavice) in Böhmen hat eine vergleichbare Geschichte: Er wurde 1858 unter Naturschutz gestellt und ist seit dieser Zeit aus der Nutzung herausgenommen. Mit seinen Tannen- und Fichtenbeständen kommt er in seinem umzäunten Kernbereich dem Bergmisch- und Bergfichtenwald nahe. Ganz offenkundig handelt es sich in beiden Fällen nicht um Urwälder, die im strengen Sinn keinen menschlichen Einfluss kennen, sondern um naturnahe Wälder.

Nationalparks sind – so könnte man resümieren – ein Spiegel der Gesellschaft. Sie zeigen, welche Rolle die Natur in der öffentlichen Wertschätzung spielt, welche Aspekte von Natur herausgestellt, inszeniert oder unterschlagen werden und wie weit sich die Gesellschaft von der Natur entfernt hat. Sie zeigen aber auch, welche Sehnsüchte in einer Gesellschaft existieren und wie diese mit 15 Nationalparks bedient werden, von denen der Bayerische Wald der älteste ist.

Umweltgeschichte

Im Überschneidungsbereich von Natur, Raum, Zeit und Mensch befindet sich die Umweltgeschichte. Der Mensch, den wir heute als wichtigsten Akteur einschätzen, kommt erst sehr spät hinzu: in der geologischen Gegenwart, dem Quartär. Die Geschichte der natürlichen Umwelt reicht dagegen über drei Milliarden Jahre zurück. Die Anfänge sind schwer zu rekonstruieren, oft bleiben sie spekulativ und hypothetisch. Wir wissen aber genau, dass die Heraushebung des Bayerischen Waldes im Rahmen der Gebirgsbildung der Alpen im Tertiär erfolgte. Entlang der markanten Linie des ↗Donaurandbruchs ist seine südwestliche Grenze sehr genau zu bestimmen, während an allen anderen Stellen die Übergänge zu den benachbarten Räumen fließend sind.

In den Eiszeiten, die vor 10.000 Jahren endeten, sowie in der heutigen Nacheiszeit ist der klimatische Wandel gut belegt. Mit dem Klima änderten sich mehrfach Vegetation, Tier- und Gewässerwelt sowie die Entwicklung der Böden. Daher gelten Moore, Flusssedimente oder Bodenprofile als Archive der Landschafts- und Umweltgeschichte.

Der Bayerische Wald hat also eine sehr bewegte Umweltgeschichte hinter sich, die im Laufe der Jahrmillionen zwischen kalten und warmen, zwischen gebirgigen und ebenen, zwischen bewaldeten und unbewaldeten, zwischen terrestrischen und marinen Zeiten schwankte. In geologischen Zeitdimensionen betrachtet, gab es stetigen Wandel und keine Stagnation. Die Natur als komplexes und höchst dynamisches System ist dabei für uns schwer zu durchschauen.

Ein einfacher Umweltdeterminismus, der die kulturellen Wandlungen der Vor- und Frühgeschichte schlicht mit sich ändernden Umweltverhältnissen erklärt, greift in jedem Fall zu kurz. Hier muss in Rechnung gestellt werden, dass der wirtschaftende Mensch stets versucht, das schwankende Witterungsgeschehen aufzufangen und abzufedern, auch wenn der Erfolg dieser Bemühungen keineswegs sicher ist.

Erst in historischer Zeit fließen die Quellen zur Geschichte des Bayerischen Waldes reichlicher. In den kommenden Kapiteln kann daher der weitere Verlauf mit immer feineren Strichen gezeichnet werden. Der Mensch ist mit neuen Methoden und verbesserter Technik ein aktiver und zielgerichteter Gestalter der Umwelt. Gleichwohl bleibt so manche Frage auch weiterhin offen, viele Punkte aus Vergangenheit und Gegenwart werden zudem kontrovers diskutiert. Auch im Bayerischen Wald bleibt demnach die größte Frage: In welche Richtung geht die zukünftige Entwicklung?

3 Mensch und Macht

Betrachtet man die Entwicklung der letzten 2000 Jahre im Überblick und aus kritischer Perspektive, dann lassen sich mehrere grundsätzliche Erscheinungen voranstellen, die verblüffen und zum Nachdenken anregen: Zum einen verbesserten sich durch ZUCHTERFOLGE im Bereich der Pflanzen und Tiere sowie durch TECHNISCHE ENTWICKLUNGEN bei den Geräten die Lebensumstände der Menschen deutlich: Es konnte mehr produziert werden, sogar weniger geeignete Standorte konnten landwirtschaftlich genutzt werden, so dass immer größere Bereiche des Waldes gerodet und mit größerem Erfolg genutzt wurden. Gleichwohl gilt zum anderen das WACHSTUMSPARADIGMA (immer mehr, immer größer, immer besser) nicht durchgehend. Phasen der Expansion folgten wiederholt solche der Stagnation und der Schrumpfung. Die Entwicklung ist also nicht linear ansteigend oder fallend, sondern oszillierend.

KULTURELLE UND SOZIALE ENTWICKLUNGEN sind des Weiteren nicht automatisch an technische Neuerungen gekoppelt. Die gesellschaftlichen Strukturen einzelner Entwicklungsphasen unterscheiden sich grundlegend; die Frage von Macht und Ohnmacht, von Einfluss und Entrechtung wird in den Epochen jeweils neu gestellt und ganz unterschiedlich beantwortet.

Vor diesem Hintergrund kann unter Umständen die Gegenwart besser verstanden werden: Das historische Erbe wird mal als Charakteristikum der Entwicklung geschätzt, mal als Bremse der Entwicklung bekämpft. Es ist weiterhin mehr als interessant zu überlegen, wie die Menschen mit den Entwicklungen umgingen und -gehen. Auch die Geschichtsschreibung wählt ja aus den zahllosen Fakten aus, stellt die einen heraus, übersieht oder verschweigt die anderen. Die folgenden Kapitel mögen demnach Denkanstöße geben: Was ist für uns heute wichtig, was erhalten wir und was wollen wir umgestalten? Woraus ziehen wir Lehren und wo sind wir besser oder schlechter?

Im 1. Jh. n. Chr. erobern die Römer auch Teile des heutigen Deutschland und gliedern sie in das Imperium Romanum ein. Der Bayerische Wald bleibt zwar außen vor, weil der Donaulimes die Grenze bildet; es treffen aber an dieser Nahtlinie unterschiedliche gesellschaftliche und kulturelle Gruppen aufeinander, deren Kontakt bedeutende Entwicklungen auslöste.

Die Römer dringen in keltisch besiedelte Räume vor und überprägen diese. Im Bayerischen Wald sind Spuren aus keltischer Zeit selten. Auch die für diese Epoche so kennzeichnenden *Oppida* (stadtartige, befestigte Höhensiedlungen) findet man hier nicht – wohl aber ein wenig außerhalb auf dem Michelsberg bei Kelheim. In der Cham-Further Senke unterstreichen eine spätkeltische Viereckschanze (in 400 m ü. N. N. bei Nößwartling, Gemeinde Arnschwang) sowie frühlatènezeitliche Funde aus dem Regental bei Roding und Michelsdorf die Bedeutung dieses Gebiets als Durchgangsraum; eine keltische Siedlung bei Lichtenau und Scherben, die bei Fürholz (beide Kreis Freyung-Grafenau) in rd. 610 m ü. N. N. zu Tage kamen, ergänzen diesen Befund. Auf böhmischer Seite schließlich ist auf der Breite von Zwiesel unweit des 1314 m hohen Mittagsbergs (Poledník) bei Prášily (Stubenbach) eine Siedlung der Latènezeit nachgewiesen; sie liegt mit 802 m ü. N. N. deutlich höher und wurde wohl nur saisonal genutzt. Denn auch die Kelten bevorzugten aus verständlichen Gründen Räume mit ertragreichen Böden und mildem Klima wie z. B. den Dungau (Gäuboden), was die einstige, mit dem lateinischen Kunstnamen *Sorviodurum* (Straubing) versehene Handelsniederlassung belegt.

Der Bayerische Wald kommt in Folge der nacheiszeitlichen Wiederbewaldung als Standort für ackerbaulich orientierte Siedlungen (noch) nicht in Frage, wohl aber als Transitraum sowie als Gebiet der Sammel- und Rohstoffwirtschaft. Dies bezeugen z. B. ↗ latènezeitliche Topfscherben aus Graphitton, der bei Kropfmühl im Landkreis Passau abgebaut wurde. Etliche römische Münzfunde, bevorzugt aus dem donaunahen Gebiet, aber auch aus dem Hinteren Wald, lassen keine gesicherten Schlüsse zu: Handelt es sich um (später) verschleppte

Gabreta: Kelten im Bayerischen Wald?

In Lichtenau bei Ringelai (zwischen Grafenau und Freyung) befindet sich das Keltendorf Gabreta, ein archäologischer Erlebnispark. Hier kann man – wie in der ↗ Latènezeit – töpfern, Brot backen, Feuer machen oder Lehmwände verputzen. Die Vergangenheit wird lebendig, die begrenzten Möglichkeiten früherer Epochen werden erlebbar, was besonders Kinder anspricht. Die Häuser des Keltendorfs sind Nachbauten, die auf den Grundrissen andernorts ausgegrabener keltischer Häuser basieren.
Im Sinne einer praktischen Erlebnispädagogik werden hier über das eigene Tun die Menschen angesprochen; der sonst schwer vermittelbare zeitliche Sprung von über 2000 Jahren wird so erleichtert, auch wenn der Standort eigentlich nicht keltisch ist. Das Konzept schlägt eine Brücke zu den Ausstellungstücken in Museen, die in Vitrinen stecken und nicht berührt werden dürfen.

Münzen oder um Belege für Wirtschaft und Verkehr der Latène- oder Römerzeit?

Zum Verständnis der wenigen keltischen Hinterlassenschaften ist es hilfreich, diese in einen größeren räumlichen Rahmen einzuordnen. In den Jahrhunderten vor der Zeitenwende lebten die Kelten in einem Gebiet, das vom Atlantik über Mitteleuropa bis nach Italien, über die Balkanhalbinsel und nach Kleinasien reichte. Da es ihnen nie gelang, dauerhafte politische Einheiten zu schaffen, wurden ihre Territorien von den Römern Schritt für Schritt erobert und verdrängt. Heute bestehen als letzter Überrest keltische Sprachinseln im Nordwesten Europas: in Irland (Gälisch), Wales (Kymrisch) und in der Bretagne (Bretonisch).

Die römische Zeit ist besser fassbar, die archäologischen und literarischen Quellen sprudeln reichlicher. Räumlich bleibt es aber unverändert so, dass die landwirtschaftlich besten Standorte im Dungau liegen, während der Bayerische Wald siedlungsleer bleibt. In Regensburg sind an sechs Stellen römische Reste konserviert und zugänglich (Porta Praetoria, Lagermauer, Reste des Legionslagers unter Niedermünster, Darre in Prüfening, Ziegelbrennofen am Fernsehturm, Grundriss eines

Gutshofs in Burgweinting), in Passau an zwei Stellen (Kastell Boiotro, Wachturm in Haibach).

Mit der allmählichen Konsolidierung der Provinz Raetia entwickelt sich neben den militärischen Einrichtungen (Kastelle entlang der Donau, Hafen in Straubing) auch ein ziviler Sektor. Hierbei handelt es sich einerseits um sogenannte Lagerdörfer *(vici)* bei den Kastellen mit Wohn- und Gewerbegebieten sowie kultischen Gebäuden und andererseits um Gutshöfe *(villae rusticae)*, die als Einzelhöfe an geeigneten Standorten zu finden sind.

Von der zweiten Hälfte des 2. Jhs. n. Chr. bis in die Zeit der Alamanneneinfälle des 3. Jhs. besteht ein Netzwerk von Gutshöfen, das im Regensburger und Straubinger Umland gut erforscht ist. Das Hauptgebäude ist an den Ecken durch vorspringende Fassadenteile (Eckrisalite) gekennzeichnet, die Wirtschaftsgebäude mit Scheunen, Ställen und Speichern liegen dahinter. Die zugehörige Nutzfläche umfasst rund 100 ha; die Bewirtschaftung lag in der Hand einer Großfamilie (ca. 15 Personen), die während der Ernte vermutlich Saisonkräfte aus den *vici* anheuerte. Das wirtschaftliche Ziel, die Versorgung des Militärs und der Bevölkerung mit Getreide, war – so errechneten Archäologen – mit 200 Gutshöfen und je 50 t Getreideüberschuss erreicht; knapp 100 Gutshöfe wurden bislang gefunden.

Das Anbauspektrum reicht von Dinkel (Wintergetreide) und Gerste (Sommergetreide) bis Emmer, Hafer und Roggen, die nur von nachrangiger Bedeutung waren. Bei den Nutztieren spielen Schweine und Rinder die Hauptrolle, Geflügel und Ziegen ergänzen die Palette. Als Weideland diente in der Regel die feuchtere Aue, während das Getreide auf trockeneren Standorten (Hochterrasse) angebaut wurde. Die häufige Lage der Gutshöfe im Grenzbereich von feuchtem und trockenem Land (Ökotopengrenzlage) ist unter gemischtwirtschaftlichem Aspekt geradezu ideal.

Der sich jenseits der Donau erstreckende (Bayerische) Wald, der vor den Augen der Bauern des Dungaus lag und liegt, ist als wirtschaftlicher Ergänzungsraum anzusehen. Bau- und Brennholz wurde sicherlich aus ihm gewonnen; nachzuweisen ist es aber nicht.

Von den Wirren der Spätantike mit dem Untergang des Römischen Reichs bis in die Zeit der Agilolfinger bleiben die Quellen zur Geschichte des Bayerischen Waldes spärlich. Es handelt sich in diesem Sinn um „dunkle Jahrhunderte“, die sich nun anschließen. Neue archäologische Befunde aus Regensburg (Niedermünster) und Passau (Klosterkirche Niedernburg) belegen jedoch, dass an einzelnen Stellen über die unruhigen Zeiten der Schrumpfung und des Verfalls hinweg das zivile Leben ohne Unterbrechung bis ins 6. Jh., d. h. bis in die bajuwarische Zeit, weiterging.

Die Herrschaftsgeschichte ist insgesamt überschaubar: Die so genannten Alamannenstürme des 3./4. Jhs. führen zum Zusammenbruch der römischen Staatsstrukturen. Im Rahmen der sogenannten Völkerwanderung rücken bereits in spätrömischer Zeit germanische Stämme nach. Sie kommen teilweise aus Böhmen in den heutigen Bayerischen Wald und die Länder an der Donau. Ein Völkergemisch aus Goten, Langobarden, Alamannen und Leuten aus Böhmen (lat. *baiovarii*; dt. Bajuwaren) richtet sich unter fränkischer Oberherrschaft ein. Die Agilolfinger bauen unter Garibald I. (548–595) ein Herzogtum auf; in Regensburg errichten sie ihren Herzogshof. Sie fördern die Christianisierung (Gründung der Bistümer Regensburg und Passau: 739), setzen sich mit nachrückenden slawischen und awarischen Gruppen auseinander und leiten die Wiederbesiedlung des verlassenen Landes ein.

Nur vereinzelte Schlaglichter erhellen uns die Lebensbedingungen der Menschen jener Zeit. Die spätrömische Epoche wird durch die *Vita sancti Severini*, die Lebensbeschreibung des hl. Severin (um 410–482), lebendig, aufgeschrieben von seinem Schüler Eugippius im Jahr 511. Aus dieser Quelle erfahren wir Details zu den Lebensumständen in der Zeit zwischen 460 und 482 im untergehenden Römischen Reich in der Mitte des 5. Jhs.: Die Siedlungen auf dem Land werden auch im Dungau größtenteils verlassen, die Menschen sammeln sich in wenigen befestigten Orten, um den Angriffen der Ostgoten und ↗Rugier zu entgehen.

Wiederbesiedlung unter Leitung der Agilolfinger

Wie die Merowinger und Karolinger in anderen Teilen Deutschlands leiten die Agilolfinger in Dungau und Bayerischem Wald die Wiederbesiedlung nach den Wirren der Völkerwanderung ein. Die aufkommende Grundherrschaft mit einer unfreien bäuerlichen Bevölkerung, die Abgaben und Frondienste an den Grundherrn leistet, führt zur Fixierung der Siedlungsstandorte und zur Ortsnamengebung. Damit kommt erneut eine Kontinuität auf, die in den meisten Fällen bis in die Gegenwart reicht.
Ortsnamensuffixe, die auf -ing oder -ham/-heim enden, machen eine frühmittelalterliche Gründung wahrscheinlich, wenn weitere Belege (z. B. Patrozinium der Pfarrkirche, frühe Quellenbelege, ackerbaulich bevorzugter Standort) hinzukommen. Dies trifft für viele Siedlungen des Dungaus, des Chamer Beckens, aber auch für manche Orte des donaunahen Bayerischen Waldes (z. B. um Lalling, Eging, Tittling) zu.
Man geht heute davon aus, dass es Gruppen von Einzelfamilien waren, die ein erstes Gerüst von Siedlungen an den besten Standorten anlegten; bei den ältesten Ortsnamen steht vor dem ↗Suffix häufig ein Personenname, der in der heutigen Namensform oftmals schwer zu erkennen ist. Erst mit dem späteren Wachstum und der Verdichtung setzt eine innere Differenzierung ein, die an Namenszusätzen (↗Präfixe Nieder-, Ober-, Klein-, Groß-, Kirch- usw.) zu erkennen ist.

Die Wirren der Zeit werden als Weltwende erlebt. Die Kirche übernimmt alle wichtigen Aufgaben in einem gescheiterten Staat, einem *failed state*, wie man heute sagen würde. Severin steht hier an vorderster Stelle und organisiert den geordneten Wegzug der Bevölkerung donauabwärts. – Sicherlich wird sein Wirken von Eugippius überhöht dargestellt, wie es im hagiographischen Schrifttum, d. h. bei der Lebensbeschreibung von Heiligen, üblich ist.

Der nun einsetzende massive Schrumpfungsprozess betrifft besonders das Land. Nicht nur der Bayerische Wald, auch der zuvor besonders geschätzte Dungau erleben mit dem Abzug der Bevölkerung eine markante siedlungsgeschichtliche Zäsur. Gleichwohl geht nicht alles verloren: Die Kirche erhält ihre

Infrastruktur und Organisation, so dass die Kontinuität über die Zeitenwende zumindest zum Teil gewahrt wird. Doch auch die Namen von Städten – Regensburg (Castra Régina), Straubing (Sorviodurum), Passau (Batavis) – oder Flüssen – Donau (Danuvius), Inn (Aenus), Regen (Régana), Cham, Ilz – erhalten mit ihren römischen und vorrömischen Bezeichnungen das Erbe einer frühen Vergangenheit. Aber auch ländliche Siedlungen bleiben mitunter über die Krisenzeiten hinweg bestehen – z. B. am linken Donauufer bei Hofkirchen und Windorf (im weiteren Vorfeld des heutigen Künzing mit seinem spätantiken Kastell Quintanis/Quintana am Donaulimes auf der rechten Flussseite)

Rodungen im Nordwald

Das in frühmittelalterlichen Quellen als Nordwald bezeichnete Gebiet reicht vom Marchtal in Niederösterreich bis zur Eger in Oberfranken. Es handelt sich um einen Landschaftsnamen, der den gesamten Westsaum der Böhmischen Masse umfasst. In einer Zeit mit fast durchgehender Waldbedeckung war es sinnvoll, diesen einheitlichen Raum mit einem Namen zu belegen. Erst mit der schrittweise erfolgenden Besiedlung änderte sich dies; die heutigen Bezeichnungen (Waldviertel, Mühlviertel, Bayerischer und Oberpfälzer Wald sowie Fichtelgebirge) tragen der landschaftlichen Differenzierung durch Rodung und Landesausbau Rechnung.

Im 8./9. Jh. bilden die Forstschenkungen der Könige an das Regensburger Bischofskloster, an die Klöster Metten, Niederaltaich und Niedernburg (Passau) den Ansatzpunkt der nun beginnenden Erschließung und landschaftlichen Differenzierung. Am Beginn stehen natürlich Machtinteressen: Expandierende Herrscher vergrößern die territoriale Basis ihrer Macht, indem sie die Kirche und den Adel am Landesausbau beteiligen. Es geht darum, die eigene Einkommensgrundlage durch neue Siedlungen zu vergrößern und auf diese Weise an politischem und strategischem Einfluss zu gewinnen. Rodungs- und Kolonisationsgeschichte ist daher auch Territorial- und Machtgeschichte.

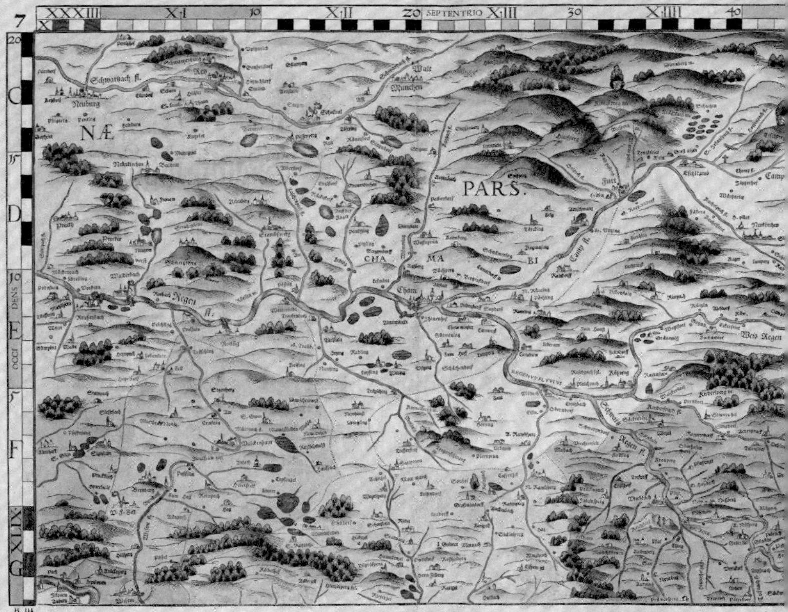

Bairische Landtafel des Philipp Apian, Blatt 7, aus dem Jahr 1566

Der im Detail sehr komplizierte Verlauf der früh- und hochmittelalterlichen Erschließung lässt sich zusammenfassend auf wenige zentrale Aspekte fokussieren:

Ausgangspunkt sind die Bischofssitze – besonders Regensburg –, die Klöster und die Sitze der Adeligen im Donautal (Reichskirche, Reichsadel). Die alten agilolfingischen Herzogsgutsorte (Alburg b. Straubing, Aiterhofen, Langenisarhofen, Osterhofen, Vilshofen) geben das Muster des Grundherrschaftsverbands vor, das wirtschaftlichen und politischen Einfluss ermöglicht. Nach diesem Vorbild erschließt man nun ab dem 8. Jh. den Bayerischen Wald von den Rändern entlang der Handelswege und der Flüsse bis zu den Pässen (und über sie hinaus).

Aber auch von Osten her ist man nicht untätig: Das Geschlecht der Přemysliden, das seit dem Ende des 9. Jhs. die Herzöge von Böhmen stellt, dringt ebenfalls mit seinen Adeligen in den siedlungsfreien Raum ein. So kommt es schon früh zu Überlappungen, Konkurrenzen und Streitigkeiten. Das wird mit einem ersten Beispiel aus dem Chamer Becken deutlich: Die Reichsburg Cham ist von einem Kranz mit -ing-Orten umgeben, deren in mehreren Fällen ein slavischer Personenname vorangestellt ist, z. B. Kothmaißling (1118 Kozmuzlingen, darin steckt der slavische Personenname Maizo) oder Schlammering. Ein zweites Beispiel liefert Böhmen: Die Grafen von Bogen und ihre Ministerialen dringen rodend und siedelnd bis nach Gutwasser (Dobrá Voda), Albrechtsried (Albrechtice), Schüttenhofen (Sušice) und Winterberg (Vimperk) vor, also bis an den Ostrand des Böhmerwalds (Šumava).

Analog ist es mit den kirchlichen Einflusssphären. Zunächst ist Böhmen Missionsland des Bistums Regensburg, doch mit der Gründung des Bistums Prag (973/6) verschieben sich auch hier die Gewichte. Es wird also nun zum ersten Mal erkennbar, wie das ehemals breite und unbesiedelte Gebirge zu einem Grenzsaum eingeengt wird, einem breiten, nicht genau festgelegten Übergangsraum, aus dem erst sehr viel später eine Grenzlinie gemacht wird.

Die Grafen von Bogen: Kometenhafter Aufstieg

Nach 1125 tauchen im nördlichen Umland von Straubing erstmals die Grafen von Bogen auf, auf deren Wappen das bayerische Rautenmuster zurückgeht. Das Geschlecht kann als Aufsteiger der Epoche gelten: Im 12. und 13. Jh. sind sie *die* Herren des Bayerischen Waldes. Sie sind als Domvögte von Regensburg und als Inhaber der Grafschaft im unteren Donaugebiet um Deggendorf kirchlich und weltlich bestens vernetzt. Sie vollenden mit ihren Ministerialen die Besiedlung des mittleren und inneren Bayerischen Waldes, die von den Donauklöstern Metten und Niederaltaich eingeleitet worden war.

Zu Anfang nennen sie sich noch Grafen von Windberg, doch bereits 1158 erweitern sie ihr Territorium um den Künziggau, 1230 um große Lehen, die zuvor dem Passauer Bischof gehörten, sowie um die Grafschaft Deggendorf. Ihre Konkurrenten um Territorien und Einfluss im Bayerischen Wald sind (im Rückblick) kaum ernsthafte Widersacher: Das Geschlecht der Grafen von Formbach mit Besitzungen zwischen Isar und Vils sowie mit Vogteirechten über das Hochstift Regensburg und das Passauer Kloster St. Nikola stirbt 1158 aus; die jüngere Linie der Grafen von Ortenburg erlischt 1241. Als aber 1242 auch die Grafen von Bogen aussterben, ist der alte Hochadel aus seinen Besitzungen verdrängt. Sie werden von den Wittelsbachern beerbt, die sich von nun an über Jahrhunderte im Bayerischen Wald als Landesherren behaupten.

Der Wald verliert nun Schritt für Schritt seinen Charakter als Siedlungsbarriere. Das gilt in Deutschland und Mitteleuropa ganz allgemein und nicht nur für den Bayerischen Wald. Der Landesausbau beginnt im Frühmittelalter und reicht bis ins Spätmittelalter. Das mittelalterliche Wärmeoptimum (s. Abb. auf S. 23) mag diesen Prozess unterstützt und erleichtert haben. Dabei fällt auf, dass die Erschließung nur im nördlichen und mittleren Teil beinahe in einem Zug die Kammlinie erreichte. Dies liegt u. a. daran, dass der Regen das Gebirge gut erschließt und mit seinen Zuflüssen bis in den inneren Wald, bis in den Lamer Winkel reicht. Im südlichen Teil, dem Passauer Abteiland (s. u.), ist das anders.

Die Diepoldinger erschließen von der Markgrafschaft Cham aus den nördlichen Teil, die Grafen von Bogen und ihre Ministerialen (Dienstmannen) den mittleren Teil des Bayerischen Waldes. Hinzu kommt die Kirche mit Bischöfen und Klöstern (besonders Metten, Niederaltaich und Chammünster), denen große Forste gehören, z. B. der Forst Sulzbach und der Wörther Forst dem Regensburger Bischof.

Es sind also Könige und Herzöge, Bischöfe und Klöster, Adelige und ihre Ministerialen, die mit Rodungsbauern das Land erschließen, ihr Territorium und ihre Einkünfte vergrößern (‚Rodung schafft Herrschaft‘), die eigene Machtposition festigen und stärken (‚Rodung schafft Freiheit‘) – doch ihre Untertanen daran nicht teilhaben lassen.

Der Blick auf einzelne Teilräume führt zu weiterer Differenzierung. Die Donauklöster Metten und Niederaltaich, zum Teil auch Pfaffmünster und Oberaltaich (die gleichwohl bedeutende klösterliche Einrichtungen waren) organisieren und lenken den Landesausbau. Gunther, ein Niederaltaicher Mönch des 11. Jh. († 1045), erschließt den Wald entlang des Gunthersteigs, der mit dem heutigen Fernwanderweg von Niederalteich nach Gutwasser (Dobrá Voda, CZ) wieder aufgegriffen wird, gründet das Kloster Rinchnach und lebt als Einsiedler bei Lalling.

Von Metten und Niederaltaich aus wird der vordere und innere Wald erschlossen. Die Bucht von Niederwinkling bietet ein ideales Einfallstor. Die Grafen von Bogen und ihre Ministerialen übernehmen im 11. und 12 Jh. diese Aufgabe, gründen von zahlreichen Burgen ihrer Ministerialen aus neue Siedlungen und stoßen bis an die Kammlinie, stellenweise auch weiter ostwärts

Burgen und Schlösser

Als Wohnsitze des Adels sind Burgen über Jahrhunderte Mittelpunkte eines ausgedehnten Besitzes; entsprechend der Siedlungsgeschichte konzentrieren sie sich im donaunahen Abschnitt sowie in der Längssenke des Regentals. Im 11. Jh. entstehen die ersten Burgen des Hochadels, nur wenig später die ihrer Ministerialen (Dienstmannen). Vielfach handelt es sich um Höhenburgen, die aus strategischen Gründen an schwer zugänglichen Standorten errichtet sind. Burgen sind indirekte Zeugnisse des Landesausbaus: Sie finden sich als Ruinen oder erhaltene Bauten im weiten Umkreis des unteren und mittleren Regen (Karlstein, Hirschling, Stefling, Hof am Regen, Regenpeilstein, Thierlstein, Brennberg oder Falkenstein), entlang der Donau (Donaustauf, Wörth, Wiesent), zwischen Straubing und Konzell (Wiesenfelden, Saulburg, Mitterfels oder Haibach) sowie an vielen anderen Stellen.

Im 14. Jh. endet der Burgenbau abrupt; den neuen Kriegstechniken können die Bauten in der Folgezeit nur wenig entgegensetzen. An ihre Stelle treten v. a. ab dem 16. Jh. Schlösser, die vorwiegend der Repräsentation dienen, daher mitunter in der Gegenwart vorbildlich restauriert sind und teilweise neue Funktionen beherbergen – z. B. Lokale, Schulen, Museen o. ä. –, aber auch ungenutzt bleiben. Beispiele hierfür sind Rampsau (b. Regenstauf), Steinach (b. Straubing), Offenberg (b. Deggendorf), Rathsmannsdorf (b. Vilshofen) oder Freudenhain (Stadt Passau).

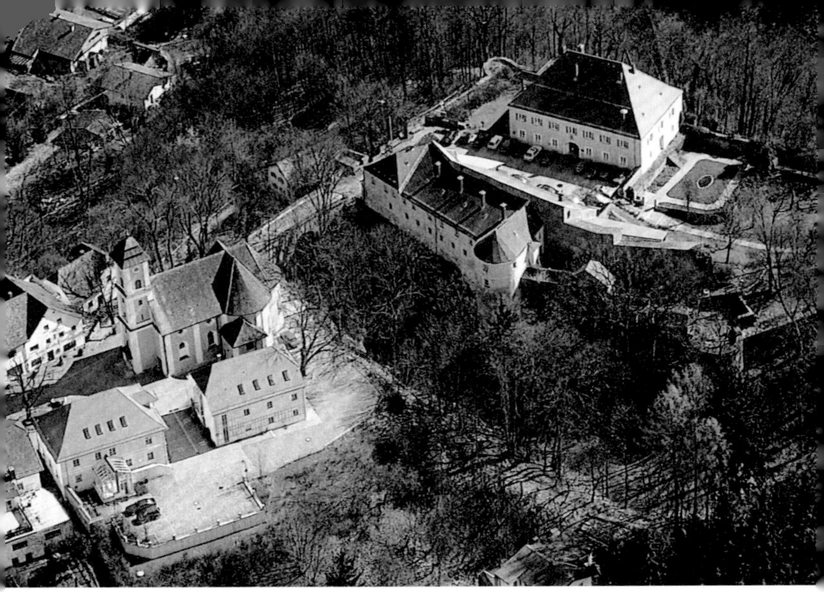

Burg Mitterfels, der ehemalige Ministerialensitz der Grafen von Bogen, ist seit dem 12. Jh. belegt. Er war einer der Ausgangspunkte für die Besiedlung des umliegenden Landes. Heute erinnern nur noch Halbtürme und Wehrmauern an die einstige Bedeutung. Das zweigeschossige Gebäude mit Walmdach im oberen Bildteil zeigt das Churfürstliche Schloss aus dem 18. Jh.

vor. Die Pfellinger z. B., ein sehr bedeutendes Bogener Ministerialengeschlecht, die bis 1293 Burgherren in Ruhmannsfelden waren, gründen u. a. Zuckenried, Arnetsried, Lobertsried und Weichselsried. Die Ortsnamenssuffixe -zell, -ried, -mais, -haus und -hof sind typische Rodungsnamen des Bogener Herrschaftsraums im 11. bis 13. Jh.; in diese Gründungszeit gehören z. B. Wettzell (heute eher wegen des Geodätischen Observatoriums und der Radioteleskopstation bekannt), Poppenzell, Voggenzell, Zell, Heinzenzell, Pfaffenzell und Gotteszell im Gebiet nördlich von Viechtach. Zwischen Falkenstein und Viechtach liegen Zinzenzell, Erpfenzell, Rattiszell, Geraszell, Haunkenzell, Denkzell oder Konzell. Östlich von Viechtach schließen sich zahlreiche Orte mit dem ↗Suffix auf -dorf an (Bärndorf, Rappendorf, Thalersdorf, Blachendorf, Elzendorf), weiterhin auch Orte mit dem Suffix -ried. Letztere sind im oberen Regental und im Zellertal stark vertreten, Arnbruck bildete für sie den kirchlichen Mittelpunkt. Südlich von Arnbruck häufen sich die -ried-Namen: Trautmannsried, Drachselsried, Oberried, Unterried und schließlich Grafenried, mit dem sich die Grafen von Bogen verewigen konnten. Die ↗Suffixe auf -mais, ebenfalls typische Rodungsendungen, runden die Kolonisation des 13. Jh. ab, wenngleich sie deutlich seltener vertreten sind (z. B. Mais, Bischofsmais, Bodenmais, Reinhartsmais).

Ein Blick in die Geschichte macht deutlich, dass die Territorial- und Siedlungshistorie des Bayerischen Waldes durchaus komplex, facettenreich und mehrdeutig ist. Verschiedene Akteure sind an der Erschließung beteiligt; sie haben unterschiedliche Interessen und unterschiedliches Gewicht bei ihrer Durchsetzung. Die Grafen von Bogen waren zeitweise fraglos sehr bedeutsam für den Rodungsprozess: Sie legten ein erstes Netz von Siedlungen an, das auch in den inneren Bayerischen Wald hineinreichte und sogar darüber hinausging.

Doch es waren in allen Fällen Einflüsse von außerhalb, die auf das Waldgebirge trafen. Von Westen und von Osten setzte ein Wettlauf um Macht und Ressourcen ein; es wäre allerdings falsch, diesen Wettlauf unter nationalstaatlichen Vorzeichen (Bayern gegen Tschechen) zu sehen. Eine solche Sichtweise setzte sich erst nach der Französischen Revolution im 19. Jh. durch.

Schon die zeitliche Verspätung der Besiedlung (im Vergleich zu Dungau und Chamer Becken) macht darüber hinaus deutlich, dass es sich im Bayerischen Wald bestenfalls um Siedlungen an Standorten zweiter Wahl (im ↗agrarökologischen Sinn) handelt. Die naturräumliche Benachteiligung kann bei landwirtschaftlich ausgerichteten Siedlungen nicht ausgeblendet werden. Mit steigender Höhenlage und problematischer Exposition nehmen etliche Siedlungen auch Standorte dritter und vierter Wahl ein (s. S. 79ff.).

Auch greift die eingangs angesprochene stereotype und diffamierende Außenwahrnehmung (‚kulturfreier Raum') diesen Aspekt generalisierend auf, verdreht und verabsolutiert ihn – in unzulässiger Weise. Die Eigendarstellung vieler Waldbewohner kehrt diese Perspektive ihrerseits um und betont das (früher) so harte Leben im Wald. Die kargen Felderträge und die erschwerten Lebensbedingungen schufen in dieser Sichtweise

Deutsch-slawischer Kontaktbereich: Gegensatz und Dekonstruktion

Der Bayerische Wald liegt an der Ostgrenze des deutschen Sprachgebiets. Hier treffen zwei Sprachgruppen, die germanische und die slawische, aufeinander. Die Siedlungsimpulse des Mittelalters kommen von beiden Seiten (s. o.), so dass hier wie an anderen Stellen eine Kontaktzone mit gegenseitiger Beeinflussung entstand.
Im national geprägten ‚langen 19. Jahrhundert' (1789–1914) und danach wurde diese Entwicklung jedoch mit der Brille des Nationalismus betrachtet: Deutsche Historiker sprachen von der deutschen Ostkolonisation und vom deutschen Zug nach Osten, während tschechische und polnische Vertreter jegliche deutsche Kulturleistung auf slawischem Boden leugneten. Hinter beiden Positionen verbirgt sich die Machtfrage: Die jeweiligen Territorien wurden als originär deutsch, tschechisch oder polnisch reklamiert. Dabei war der mittelalterlichen Kolonisation ein nationales Verständnis ganz und gar fremd!
Erst die neuzeitliche Sichtweise kreiert diesen Gegensatz, der auch in der Literatur zum Bayerischen Wald zu finden ist. Hier zwei Zitate mit zeittypischer Diktion: „... sickerten aus den Flußtälern Böhmens slavische Volkssplitter über die Wasserscheide herüber nach Nordbayern" (S. 20), „... hat unser Volk die Pflicht, dieses Grenzland zu halten, den Waldler in seinem Kampf um Boden und Heimat zu unterstützen" (Muggenthaler 1929, S. 115).
Heute durchschauen wir diesen Gegensatz und bezeichnen ihn als Konstrukt, das die Menschen im Sinne des Nationalismus instrumentalisieren sollte. Seine Dekonstruktion erfordert neue, nicht vorbelastete Begrifflichkeiten. Daher sprechen wir von einer ↗europäischen Ostbewegung oder von einem europäischen Kolonialisierungsprozess, an dem Deutsche, Tschechen, Polen und weitere Ethnien (Flamen, Holländer) beteiligt waren.

harte Menschen, die sich behaupten konnten – und hart war die Rodungsarbeit fraglos.

Macht ist dabei zwar ein wichtiger Faktor für alle beteiligten Akteure, sie wird jedoch nur selten thematisiert. Vielfach wird sie von Schlagworten wie Missionierung, Rodung oder Landesausbau verdeckt.

Nach dem Ende der Ungarnzüge im 11. Jh. beginnt auch die belegbare Erschließung des südlichen Bayerischen Waldes. Mit der Nordwaldschenkung Heinrichs II. (reg. 1002–1024) von 1010 an das Kloster Niedernburg in Passau gelangt das Gebiet zwischen der Ilz und der heutigen Grenze zu Österreich zwischen Donau und Böhmen in kirchliche Hände. Es trägt seither den Namen Land der Abtei oder Passauer Abteiland. Im Gegensatz zum mittleren und nördlichen Bayerischen Wald fehlt hier eine große, in Längsrichtung verlaufende Senke, wie sie im Nordwesten vom Regen und im Südosten, in Oberösterreich, von der Mühl genutzt wird. Die Flüsse des Abteilands münden in Ilz bzw. Erlau und Ranna und entwässern in direkter Richtung zur Donau. Das Gebirge steigt in diesem Bereich – grob gesprochen – von der Donau bis zur Kammlinie kontinuierlich an. Damit unterscheidet sich die Morphologie dieses südlichen Teils deutlich vom mittleren und nördlichen.

Dies hat natürlich Konsequenzen: Mit dem Anstieg bis zur Kammlinie verschlechtern sich schrittweise die klimatischen Parameter, gleichzeitig nimmt die Bodengüte ab. Damit trüben sich insgesamt die ↗agrarökologischen Bedingungen mit zunehmender Höhe. Bei dieser landwirtschaftlichen Basis der ländlichen Siedlungen lässt sich in Anlehnung an den Naturraum die Siedlungsgenese im Abteiland erklären: An keiner Stelle nämlich erreicht der Gang der Besiedlung gleich in der ersten Phase die Kammlinie; vielmehr sind es mehrere Etappen der Besiedlung, die sich mit aufsteigender Höhe aneinander reihen, bis schließlich am Ende des 18. Jh. das Abteiland als Siedlungsraum erschlossen ist.

Das ältestbesiedelte Land nimmt in etwa das Gebiet des Passauer Vorwalds ein, einer naturräumlichen Einheit entlang der Unter- und Mittelläufe von Ilz und Erlau mit Höhenlagen von 400 bis fast 600 m. Bei Ringelai (423 m ü. N.N.) reicht es sehr weit nach Norden, allgemein aber gilt, dass die relativ niedrige Lage eine landwirtschaftliche Erschließung erleichterte. Das gilt für das donaunahe Kellberg (484 m) und Untergriesbach (556 m) ebenso wie für Hutthurm (465 m), Tittling (529 m),

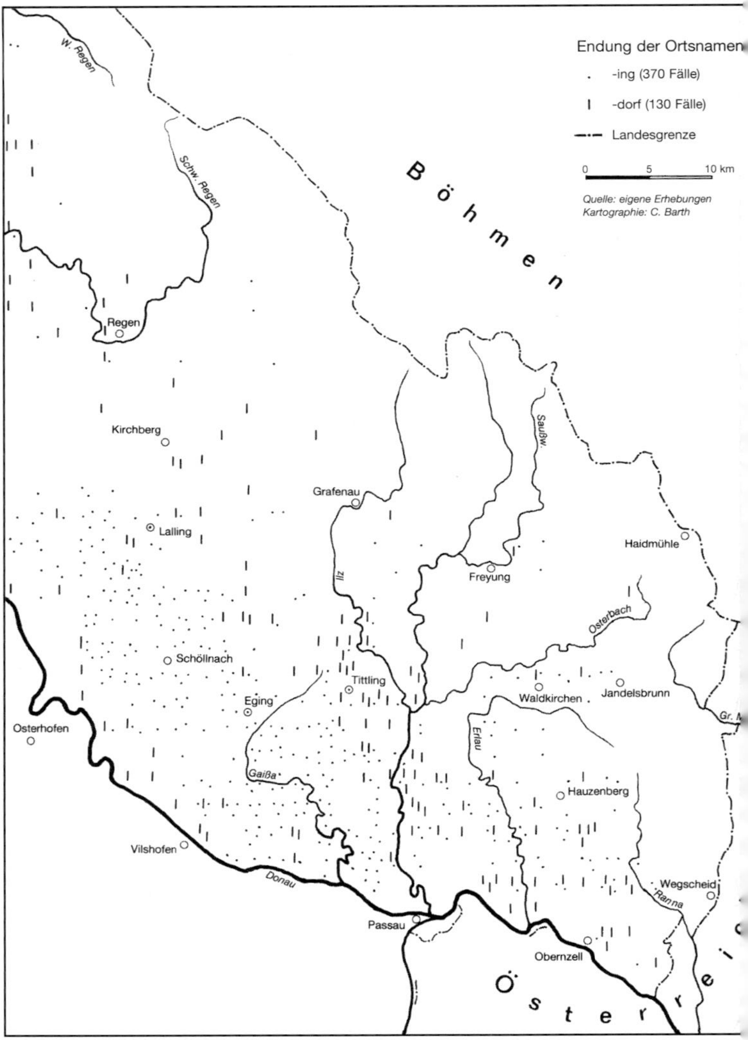

Suffixe -ing und -dorf im südlichen und mittleren Bayerischen Wald

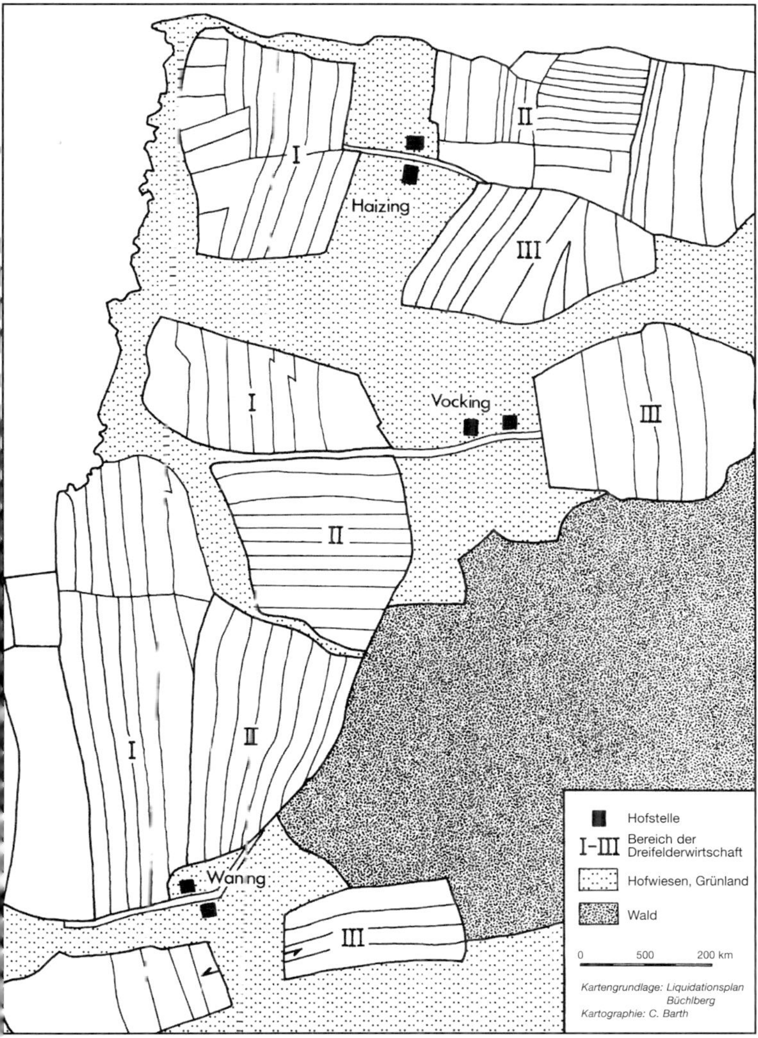

Haizing, Vocking und Waning: Siedlung und Flur des Hochmittelalters

Hauzenberg (546 m), Röhrnbach (438 m) oder Waldkirchen (572 m) und umliegende Gebiete. Es sind also die großflächigen, relativ niedrig gelegenen donaunahen Bereiche sowie das wellige Relief zwischen Ilz und Erlau mit ihren Zuflüssen, welche die ersten Siedler anzogen. Das Hauzenberger Granitmassiv, in dem bei Oberfrauenwald 948 m erreicht werden, ist hierbei natürlich ausgenommen.

Die Darstellung der ↗Suffixverteilung (s. Abb. auf S. 52) belegt sehr anschaulich, dass sich diese ältesten Ortsnamen in dem zuvor beschriebenen Raum konzentrieren. Im mittleren und nördlichen Wald kommen besonders die -dorf-Namen

Siedlungsentwicklung im Passauer Abteiland vom 14.–19. Jh.

	Stellen im Urbar von 1342	**Passauer Regesten**
Schmiding (447 m)	4	1575: 4 Güter
Hundsdorf (450 m)	3	1578: mind. 3 Güter
Donauwetzdorf (450 m)	3½	1575: mind. 4 Güter
Waning (425 m)	2	1575: 2 Höfe
Kelchham (460 m)	2	1575: mind. 2 Güter
Windpassing (512 m)		1464: mind. 2 Güter
Kollberg (493 m)		1428: mind. 3 Güter
Voggenberg (553 m)		1553: mind. 3 Güter

auch weiter im Inneren vor, weil die Regensenke als ↗agrarökologisch begünstigter Raum eingetieft ist. Es ist zusätzlich zu beachten, dass beide ↗Suffixe (-ing und -dorf) auch in späteren Zeiten gewählt werden. Daher sind besonders die Vorkommen in Randlage sehr problematisch und lassen keinen sicheren Schluss zu; die weitere Recherche erweist solche Namen (wie bei den -ing-Orten nördl. von Freyung) schnell als jüngere Gründungen. Große Sicherheit gibt es dagegen bei geballtem Vorkommen in tieferen Lagen.

Eine weitere Besonderheit hält das südöstliche Abteiland um Untergriesbach bereit. Hier beschränkt sich das bis zum 12. Jh.

Urbare vor 1787, 1787/88	**Liquidations-Protokoll (um 1840)**	**Siedlungsform (um 1840)**
4 Lehen	4 Güter 1 Gütel	Vier-Lehen-Weiler
8 Lehen 2 Sölden	10 Güter 1 Gütel	unregelmäßige Gruppensiedlung
10 Lehen	7 Güter 3 Gutsreste 1 Gütel 3 Häuser	zweizeiliges Reihendorf
1 Hof 2 Lehen	3 Güter	Zwei-Lehen-Weiler Einzelhof
7 Lehen	7 Güter	unregelmäßige Gruppensiedlung
4 Lehen	4 Güter	Vier-Lehen-Weiler
2 Höfe 4 Lehen 2 Sölden	1 Hof 5 Höfe (1½) 2 Sölden	zweizeilige Reihensiedlung
6 Lehen 1 Sölde	6 Höfe (½) 1 Hof (¼)	unregelmäßige Gruppensiedlung

besiedelte Land auf einen ausgesprochen schmalen Streifen, der im Umkreis von Endsfelden, Lämmersdorf, Krottenthal und Gottsdorf nur die wenige Kilometer breite Schulterfläche (~550 m ü. N.N.) umfasst, bevor das anschließende Bannholz bereits in die Wegscheider Hochfläche überleitet.

Das Beispiel von Haizing, Vocking und Waning, zwischen Thyrnau und Büchlberg im Kreis Passau gelegen, zeigt, wie man sich die Besiedlung nach dem Jahr 1000 vorstellen muss. Aus alten Urbaren, d. h. Besitzaufzeichnungen des Landesherrn, kann gefolgert werden, dass in allen drei Fällen Kleinweiler mit zwei Hofstellen (Abb. auf S. 57) in der Gründungszeit bestanden. Diese und weitere ländliche Siedlungen liegen östlich der Ilz auf ca. 450 m in leicht welligem Relief auf ackerbaulich geeigneten Böden.

Die Grundzüge des ländlichen Lebens und Wirtschaftens verbergen sich hinter der Abbildung auf S. 53, der die älteste Katasterkarte von 1839 zu Grunde liegt. Die Siedlungen selber befinden sich im feuchten, leicht tiefer gelegenen Grünland. Es sind jeweils nur zwei Höfe, deren Bewohner von der zugehörigen Flur leben konnten – die Ernte ergab in der Gründungszeit lediglich das Vierfache der Aussaat. Das wertvolle Ackerland nimmt die trockenen höheren Lagen ein. Seine Parzellierung zeigt an, dass im Laufe der Jahrhunderte bei steigenden Ernteerträgen mehr Menschen von der gleichen Fläche leben konnten. Durch Teilung beim Erbgang kommt es mithin zur Verdichtung, aus den Doppelhöfen der Gründungszeit werden allmählich Kleinweiler mit größerer Stellenzahl.

Grundsätzlich wird aus dem Blick in die alten ↗Urbare und Aufzeichnungen vom 14. bis zum 19. Jh. deutlich, dass viele, aber nicht alle Siedlungen durch Hofteilungen wachsen. Es findet also eine Stellen- und Bevölkerungszunahme in den meisten Siedlungen statt. In der Wissenschaft wird dies als Binnenkolonisation bezeichnet.

Die Landwirtschaft dieser Zeit basiert dabei nicht nur auf der Nutzung des Offenlands (Ackerland und Grünland) und der Kombination des Anbaus von Feldfrüchten mit der Viehwirtschaft, sondern sie bezog auch den Wald mit ein. Gerade die historische Waldwirtschaft ist sehr vielfältig und existenziell

Der im Hochmittelalter entstandene Kleinweiler Haizing befindet sich im welligen Relief des Passauer Vorwalds wenige Kilometer südöstlich von Büchlberg. Das Ackerland nimmt heute wie in früheren Zeiten die trockeneren, höheren Lagen ein, der Wald den Rand. Die Siedlung ist im feuchteren Grünland platziert.

bedeutsam. Es sind einerseits Bau- und Brennholz, die dem Wald entnommen werden, hinzu kommen die Köhlerei, die zahlreichen Waldfrüchte von den Beeren und Pilzen bis zum Honig sowie die Gras-, Laub- und Streunutzung. Andererseits spielt der Wald als Weide für das Vieh (Eicheln, Bucheckern usw.) eine wichtige Rolle: zur Eichelmast wurden insbesondere Schweine in den Wald getrieben. Der Wald wird durchgehend als multifunktionaler Raum gesehen, der allerdings die intensive Nutzung nicht unverändert übersteht. Besonders massiv sind die Schäden durch die Waldweide. Durch Verbiss kommt es zur Ausdünnung des Bestands (der Wald wird lichter), aber auch zur Veränderung der Zusammensetzung der Arten durch natürliche Selektion. Gerade in Zeiten der wirtschaftlichen Not, die auch beim Übergang zur Kleinen Eiszeit eine Rolle spielt, bildet er eine existenzsichernde Rücklage – wenn ein ausreichend großes Areal zur Verfügung steht. Dagegen brachten Kriegszeiten, Seuchen und Agrardepressionen, wie sie für das

14. und 15. Jh. bekannt sind, dem Wald bei abnehmender Bevölkerungszahl eine spürbare Regenerationspause. Die Jagd allerdings war aus den bäuerlichen Nutzungsformen ausgenommen; sie blieb das Recht der Landesherren.

Von zentraler wirtschaftlicher Bedeutung war und ist das Ackerland. Das Getreide dient der menschlichen Ernährung (Brot, Bier) – es darf aber nicht die ganze Ernte hierfür genutzt werden, denn ein Teil muss als Pferdefutter reserviert bleiben, ein anderer als Saatgetreide für das nächste Jahr. Es ist daher verständlich, dass Zuchterfolge mit besseren, d. h. ertragreicheren Sorten höchst willkommen waren und die schwierige Ernährungssituation entlasteten. Mit immer besseren Sorten entspannte sich die Lage; es wäre jedoch allzu grob, hieraus eine allgemeine, kontinuierliche Verbesserung des Le-

Dreifelderwirtschaft: Die Zauberformel der Landwirtschaft?

Die Bauern des Mittelalters und der Frühen Neuzeit standen vor einem großen Problem: Wenn nur natürliche Dünger zur Verfügung stehen (und so war es bis etwa 1840), muss die langfristige Bewirtschaftung des Bodens so angelegt sein, dass nicht mehr Nährstoffe entzogen werden als vorhanden sind.

In verschiedenen Zeiten findet man unterschiedliche Antworten auf diese Herausforderung. Die Römer entwickeln die Zweifelderwirtschaft: Ein Feld wird ackerbaulich genutzt, das andere liegt brach und kann sich regenerieren. Seit karolingischer Zeit setzt sich die Dreifelderwirtschaft durch; bei ihr wird der Nutzungswechsel optimiert und an die Boden- und Vegetationsverhältnisse Mitteleuropas angepasst. Bis zur Einführung des Kunstdüngers im 19. Jh. behauptet dieses Prinzip seine führende Stellung.

Im Einzelnen baut das System auf folgenden Komponenten auf: Das gesamte Ackerland ist in drei Parzellenkomplexe mit annähernd gleicher Größe aufgeteilt; die Nutzung geht in jährlichem Wechsel im Rotationssystem über diese Parzellenkomplexe hinweg. Feld I trägt im ersten Jahr Wintergetreide; dies ist sehr ertragreich, laugt aber den Boden stark aus. Daher folgt im zweiten Jahr das Sommergetreide: Es ist kürzer in der Erde, hat geringeren Ertrag, schont aber den Boden. Im dritten Jahr, wenn der Boden zwei Jahre

bensstandards abzuleiten, denn durch Kriege, Missernten oder Seuchen gab es immer wieder Rückschläge. Die Ernährungslage blieb über Jahrhunderte angespannt, unsicher und von Unwägbarkeiten abhängig.

Aus der Not heraus schufen die Menschen in generationenlangem Prozess ausgeklügelte Formen der landwirtschaftlichen Bodennutzung. Sie gipfeln im System der Dreifelderwirtschaft. Es ist darauf angelegt, die Getreideerträge des Ackerlands über die Jahre hinweg zu optimieren. Es ist hierbei ein doppeltes Ziel zu beachten: Einerseits sollen die Erträge kurzfristig gleich bleiben, damit die ländlichen Siedlungen als autarke Einheiten Bestand haben, andererseits muss als langfristige Perspektive zur Zukunftssicherung der Bodenauslaugung durch permanenten Getreideanbau entgegengearbeitet werden. Wenn – wie im

beansprucht wurde, liegt er zur Regeneration brach. Feld II trägt hingegen – parallel zur geschilderten Rotation in Feld I – im ersten Jahr Sommergetreide, es liegt im zweiten Jahr brach, im dritten folgt Wintergetreide. Be Feld III liegt die Brache im ersten Jahr, anschließend folgen Winter- und im dritten Jahr Sommergetreide. Auf diese Weise ist sichergestellt, dass in jedem Jahr ein Drittel der Ackerfläche Wintergetreide und ein anderes Drittel Sommergetreide trägt, während das dritte Drittel brach liegt.

Diese Organisationsform stellt jährlich annähernd gleiche Erträge in Aussicht (wenn die Witterung mitspielt), die Anbausorten tragen der abnehmenden Fruchtbarkeit Rechnung und der Boden kann sich während der Brachzeit regenerieren. Der Preis hierfür ist die Zersplitterung des Ackerlands über die parzellierte Flur, was in den Zeiten vor der Mechanisierung allerdings kein Problem darstellte.

Mit der Dreifelderwirtschaft gelang eine nachhaltige Nutzung des Bodens. Die zur Verfügung stehenden Ressourcen blieben auch nachfolgenden Generationen erhalten, wenn damit sorgsam umgegangen wurde. Das Hauptproblem jedoch bildete der begrenzte natürliche Dünger; dies schränkte die Produktivität dieses Bodennutzungssystems über Jahrhunderte ein. Zwar stellt es eine angepasste Nutzungsform dar, keineswegs aber eine Zauberformel, die ertragreiches Wirtschaften garantiert. Die Bauern haben daher immer weiter nach Verbesserungen gesucht, um mit dem vorhandenen Boden erfolgreicher wirtschaften zu können ...

Mittelalter üblich – nur natürliche Dünger zur Verfügung stehen, ist bei übermäßiger Nutzung die Bodenfruchtbarkeit rasch erschöpft. Die Grenzen des Anbaus und des Ertrags sind also klar gezogen. Die Aufteilung des parzellierten Ackerlands in drei annähernd gleich große Parzellenkomplexe (s. Bereiche I–III in der Abb. auf S. 53) ist die agrartechnische Antwort auf dieses komplexe Problem.

Kleinweiler mit getreidewirtschaftlichem Schwerpunkt sind das Erfolgsmodell des hochmittelalterlichen Landesausbaus im Bayerischen Wald. Sie nutzen ackerbaulich geeignete Standorte in relativ niedriger Lage, die sich im Umkreis der Senke von Schwarzem und Weißem Regen im nördlichen und mittleren Wald weit streuen, im Passauer Abteiland aber auf das donaunahe Gebiet sowie die Talzüge von Ilz- und Erlau beschränkt bleiben. Sie bewähren sich im Laufe der Jahre, überstehen auch schwierige Zeiten und haben kontinuierlich bis in die Gegenwart Bestand.

Es sind ihre Bewohner, die sich den wechselnden natürlichen Bedingungen anpassen oder widersetzen, die Kriege, Katastrophen und Krankheiten überstehen und es trotz Blessuren und Verlusten schaffen, mit den begrenzten natürlichen Ressourcen bei bescheidenen Ansprüchen auszukommen – wie es auch in anderen Mittelgebirgen (Eifel, Hunsrück, Odenwald, Vogelsberg, Rhön, Schwäbische oder Fränkische Alb) der Fall war. Im Zuge der Binnenkolonisation kommt es sogar zur Verdichtung und zum Wachstum der Siedlungen, die ackerbauliche Ausrichtung bleibt jedoch als Konstante über die Jahrhunderte hinweg erhalten.

Es handelt sich zusammenfassend um einen ländlichen Siedlungsraum, der sehr wohl Dynamik und Entwicklung kennt, aber seine landwirtschaftliche Basis zu keiner Zeit aufgibt. Das uns heute vertraute Verhältnis von Offenland und Wald wurde erst durch die Rodungen des Hochmittelalters grundgelegt; die geschlossene Waldfläche, die im Zuge der nacheiszeitlichen Wiederbewaldung entstanden war, wurde in dieser Rodungsphase auf heutige Ausmaße zurückgedrängt: Aus Waldland wurde – plakativ formuliert – Bauernland. Gewerbliche oder bergbauliche Erwerbsmöglichkeiten, wie sie in anderen Mittelgebirgen (Harz, Thüringer Wald, Frankenwald, Fichtel- und Erzgebirge, Siegerland, Schwarzwald oder Sudeten) eine nicht unwesentliche Rolle spielen, sucht man in diesem Teil des Bayerischen Waldes vergeblich.

Es geht weiter: Landesausbau des 13.–15. Jhs.

Bei Höhenlagen über 600 m werden für landwirtschaftliche Anwesen die Produktions- und Existenzbedingen immer schwieriger: Die Vegetationszeit ist verkürzt, die Böden sind weniger gut entwickelt, das autarke Überleben bereitet Probleme. Wenn die Landesherren Interesse an der Erschließung dieser Lagen haben (und das haben sie fraglos, denn der Grundsatz ‚Rodung schafft Herrschaft' gilt unverändert), müssen sie sich etwas einfallen lassen. Natürlich verfügen die Landesherren über – wie wir heute sagen – Netzwerke; sie wissen, was in anderen Regionen passiert und wie man dort die Probleme angeht. Die ↗europäische Ostbewegung (s. S. 50) ist schließlich in vollem Gang.

So wundert es nicht, dass die genetische Einheit des hochmittelalterlichen Siedlungsraums hier von vielfältigen und neuen Mustern der Erschließung abgelöst wird: Not macht bekanntlich erfinderisch – und an agrarökologisch schwierigen Standorten gilt das erst recht. Bergbau und Gewerbe spielen daher beim Landesausbau des Spätmittelalters auch im Bayerischen Wald eine Rolle, allerdings nicht in dem Maße wie im Erzgebirge, Harz oder Thüringer Wald.

An erster Stelle steht aber ohne Zweifel die ackerbäuerliche Kolonisation. Sie erschließt die Lagen zwischen 600 und 800 m in einem schmalen Streifen (s. Abb. auf S. 62), der nördlich an den hochmittelalterlichen Siedlungsraum anschließt, sowohl im bayerischen Gericht Bärnstein (um Grafenau) als auch im Passauer Abteiland um Freyung, Jandelsbrunn und Kasberg auf der Wegscheider Hochfläche; von dort setzt er sich ins oberösterreichische Mühlviertel fort.

Nur auf den ersten Blick werden die alten Grundsätze (ackerbauliche Basis und Dreifelderwirtschaft) unverändert in der

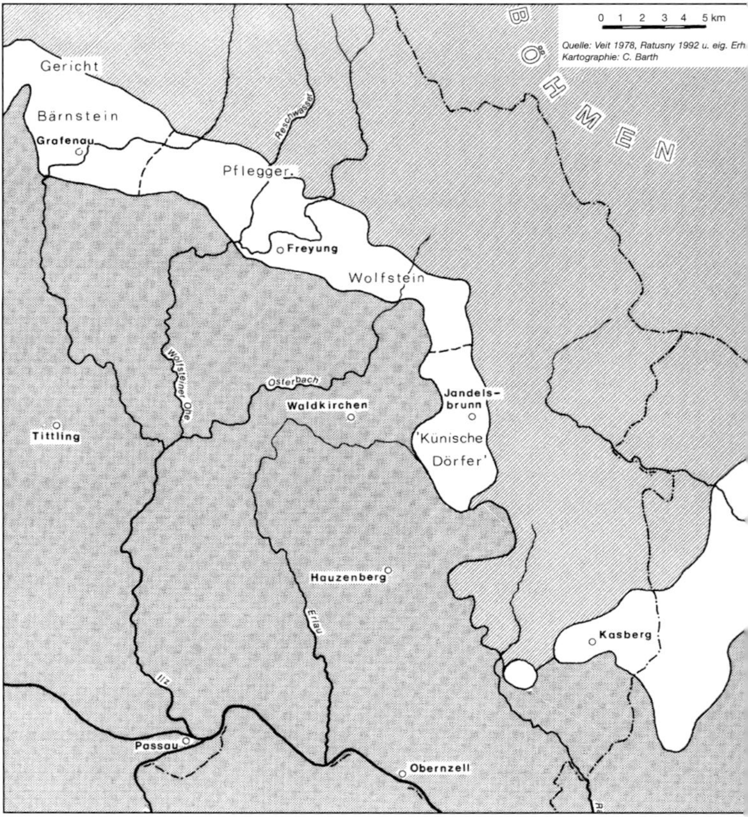

Landesausbau des 13.–15. Jhs.

neuen Zeit fortgeführt. In Wirklichkeit sind die entscheidenden Punkte neu: Zur Kompensation der naturräumlichen Schlechterstellung wird den Siedlern für die ersten zehn Jahre Abgabenfreiheit gewährt, dazu kommen weitere Privilegien, die v. a. die gerichtliche Zuständigkeit betreffen und als Lockmittel für Rodungswillige anzusehen sind. Dieser Sonderstatus erklärt es, dass die Siedler als gefreit bezeichnet werden und ihr Siedlungsraum ebenso wie der zentrale Ort darin den Namen Freyung tragen. ‚Aus der Freyung' ist noch heute eine regionale Herkunftsbezeichnung, die auf den spätmittelalterlichen Landesausbau Bezug nimmt. Ähnlich verhält es sich mit den sieben Künischen (oder Königlichen) Dörfern um Jandelsbrunn.

Die gravierendste Neuerung ist die Siedlungsform: Es werden die vielfach erprobten Siedlungsmuster der ↗europäischen Ostbewegung übernommen. Für diese planmäßigen, regelhaften Formen sprechen mehrere Aspekte: Ihre Gründung (Zuteilung von Flur und Siedlungsstelle) ist einfach zu handhaben, die Gleichstellung aller Siedler kommt bereits formal zum Ausdruck und die steuerliche Einschätzung ist transparent und durchsetzbar; außerdem haben sich die neuen Muster andernorts – in Mecklenburg, Brandenburg, Sachsen oder Schlesien – bereits vielfach bewährt. Daher greift man gerne auf dieses probate Erschließungsmuster zurück.

Ahornöd (s. Abb. unten), heute ein Ortsteil von Freyung, zeigt die ganze Professionalität der geplanten Anlagen. Die Siedlung ist platzartig gestaltet; der frei bleibende Innenraum

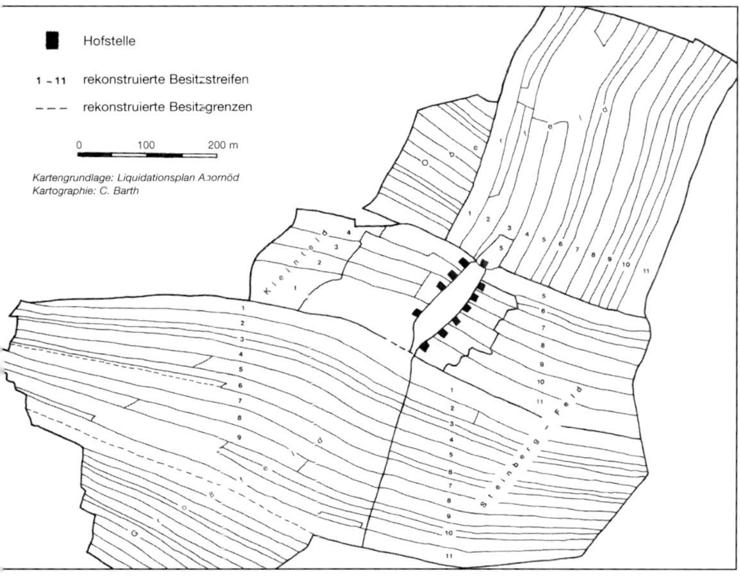

Ahornöd (Freyung): Spätmittelalterliches Angerdorf mit Plangewannflur

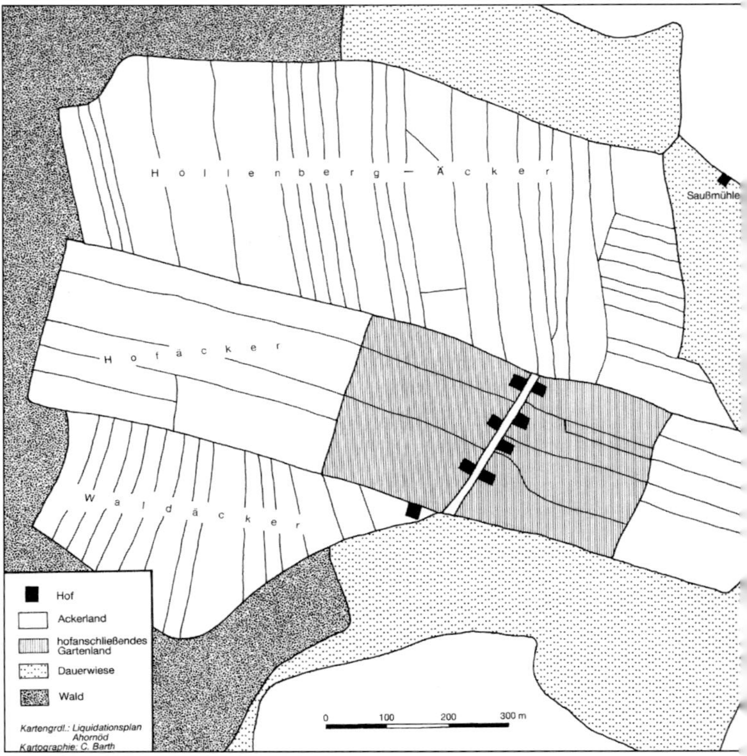

Linden (Freyung): Ackerland, Grünland und Wald der Plansiedlung

(Anger) ist von den Hofstellen umgeben, deren Besitz als hofanschließender Flurstreifen eine ganz bestimmte Breite hat – nur der Besitzer Nr. 1 verfügt über einen doppelt so breiten. Die hofanschließenden Streifen bilden ein erstes ↗Plangewann, das Oberfeld sowie das Steinberg-Feld ein zweites und ein drittes. Damit existiert eine Flurgliederung mit drei Gewannen (d. h. drei Komplexen von parallelen Streifenparzellen), die genau auf die Bedürfnisse der Dreifelderwirtschaft zugeschnitten ist. Weitere Ackergelände wie das Klein- und Großfeld sind als spätere Zurodungen anzusehen. Die durchschnittliche Größe des Ackerlands pro Hof liegt in diesem Fall bei 9 ha.

Rein technisch verlief die Anlage der Siedlungen so, dass zunächst die Ortsstelle angelegt und dann lediglich der Breite nach aufgemessen werden musste, um die Besitzparzellen abzugrenzen. Wie aus anderen Kolonisationsgebieten bekannt ist, wurden die drei Urgewanne im Laufe von drei Jahren nacheinander angelegt. Für die schwierigen und entbehrungsreichen Jahre der Gründung war also die Abgabenfreiheit ein ganz wichtiger Faktor.

Das geringste Problem war es, ausreichend Neusiedler zu gewinnen. Wie allgemein bei der ↗europäischen Ostbewegung war es auch in diesem Fall: Es standen genügend nicht erbberechtigte Bauernsöhne im älter besiedelten Land bereit, die in den Rodungsgebieten die Chance ihres Lebens erkannten. Sie kamen hierdurch aus der sozialen Perspektivlosigkeit (als Knecht auf dem Hof des älteren Bruders) heraus, sahen in dem Unternehmen Landesausbau eine Aufstiegsmöglichkeit und nahmen daher die schlechteren agrarökologischen Rahmenbedingungen in 600–800 m Höhe billigend in Kauf.

Die Neugründungen in der Freyung umfassen 24 Gruppensiedlungen, die vom Landesherrn initiiert und von Lokatoren – heute würden wir Siedlungsarchitekten sagen – mit ganz bestimmten Vorgaben umgesetzt werden. Sie sind allesamt als Plansiedlungen mit mehrteiliger Plangewannflur zwar nicht schematisch, aber nach einheitlichen Leitlinien angelegt. In diesen weiten Rahmen passt auch die ↗Radialflur von Kreuzberg (819 m). Wegen des welligen Reliefs und des ackerbaulichen Primats gibt es natürlich im Einzelfall – es sind schließlich Praktiker am Werk – bei der Ortsform große Unterschiede: Man geht auf die lokalen Verhältnisse (Relief, Feuchtigkeit) flexibel ein und nutzt das zeittypische Spektrum der Möglichkeiten (Platz- und Reihensiedlungen). Ahornöd hat z. B. einen ovalen Anger, Linden oder Oberndorf sind ohne Platz als Reihensiedlungen angelegt, in Rehberg nimmt die Siedlung einen gebogenen Verlauf. Im Oberamt Wolfstein und im Gericht Bärnstein (Grafenau) haben 17 von 19 Siedlungen einen Anger, wobei die Formenvielfalt wegen des wechselnden Geländes sehr groß ist. Es gibt elliptische Anger (Einberg, Großarmschlag, Reichenberg, Rosenau), auch einen runden (Hohenau), vorwiegend aber drei- und viereckige (z. B. Elmberg, Höhenbrunn, Kirchl, Lichteneck, Neudorf, Saulorn oder Schönanger). Es ist also der Erfahrungsschatz der Ostbewegung, auf den hier – ebenso wie im südöstlichen anschließenden Mühlviertel Oberösterreichs – zurückgegriffen wird.

Dass hier das Vorbild der getreidewirtschaftlichen Ausrichtung des älteren hochmittelalterlichen Siedlungsraums durchschlägt, zeigen auch die Flächenanteile des Grünlands (im Schnitt 40 % des Offenlands; in der Regel liegt auch die Siedlung mit ihrem Anger im Grünland, d. h. in einer feuchteren Senke) und des Walds (etwa ⅓). Lediglich Orte, die wie Hinterschmiding oder Oberseilberg an der Nordgrenze dieses Kolonisationsgebiets liegen, verfügen über ausgedehnte Wälder in ihrer Gemarkung (ca. 50 %). Es gilt also auch für diese Zeit, dass bäuerliche Kolonisation, wenn sie Bestand haben soll, so konzipiert sein muss, dass die Bewohner von dem bewirtschafteten Grund und Boden leben können und obendrein in der Lage sind, Abgaben zu leisten.

Das flexibel einsetzbare Konzept der Plansiedlungen mit seinem großen Formenschatz in Siedlung und Flur eröffnet weitere Perspektiven. Auf der Wegscheider Hochfläche im südöstlichen Bayerischen Wald mit deutlich kontinental geprägtem Klima und Höhenlagen zwischen 700 und 800 m sind die Produktionsbedingungen in der Landwirtschaft noch schwieriger als in der Freyung. Von Anfang an war klar, dass der Ackerbau hier an seine Grenzen stoßen würde – gleichwohl bleibt er bei autarken Höfen unverzichtbar.

Hier greift man ebenfalls auf das Konzept der Plangewannflur zurück, allerdings ähnelt es bereits stark der ↗Waldhufenflur, die sich in anderen Waldgebirgen, z. B. im Erzgebirge, bereits bestens bewährt hat. Den lokalen Bedingungen entsprechend erfolgt eine Anpassung, deren Regelhaftigkeit besticht. Ein schönes Beispiel hierfür ist Kasberg (s. Abb. auf S. 67), in 724 m auf der Hochfläche gelegen: Die einzeilige Reihensiedlung der Gründungszeit ist ausgesprochen langgezogen und befindet sich in Sattellage. Die Flurstreifen erreichen eine Länge von 1600 m, die Böden gelten bei heutigen

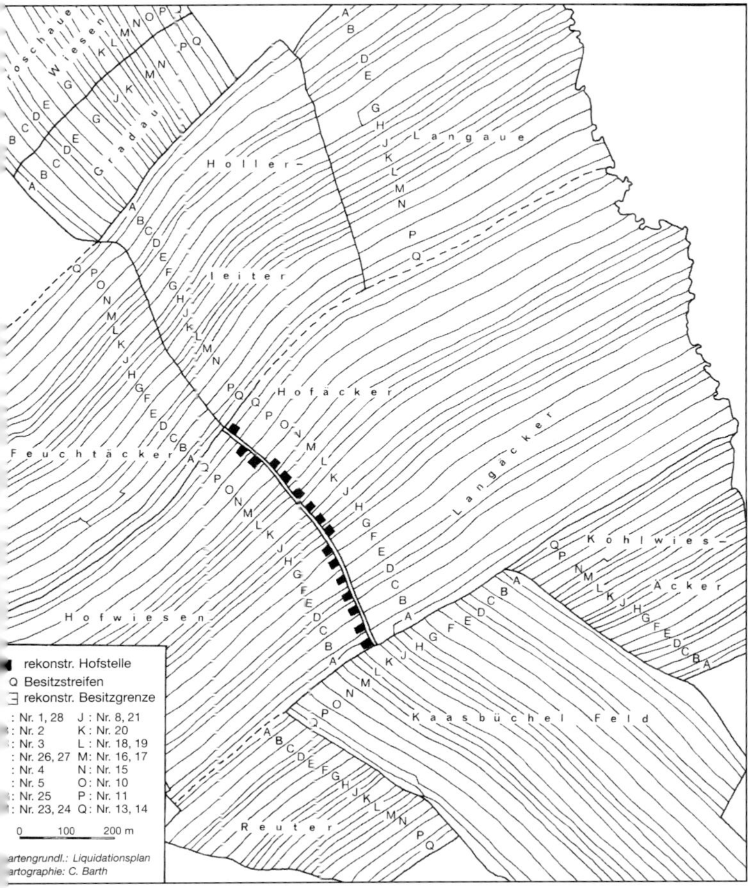

Kasberg auf der Wegscheider Hochfläche

Messzahlen zwischen 30 und 39 – die besten Böden (in der Magdeburger Börde) haben den Wert 100 – als schlecht. Noch aus dem Liquidationsplan von 1839, der dieser Abbildung zu Grunde liegt, ergibt sich in den verschiedenen Parzellenkomplexen eine streng regelmäßige Abfolge der Besitzer A bis Q. Dies lässt einen nahezu ungestörten Bestand der Siedlungs- und Flurform annehmen. Der Flurname Hofäcker

Lokatoren – Profis in Sachen Landesausbau

Der planmäßige Landesausbau im Zuge der ↗europäischen Ostbewegung arbeitete mit Spezialisten, den Lokatoren. Sie waren im Auftrag eines Grundherrn tätig, sorgten für die Anwerbung von Kolonisten, für die Rodung, Vermessung und Zuteilung des Landes. Als besonders gut durchführbar erwies sich bei ländlichen Siedlungen die Anlage von Streifenfluren, wie sie bei Anger- und Reihendörfern angewendet wurde. Es war nur die Breite der Parzellen am Anfang und am Ende abzumessen, die Länge konnte über Fluchtstäbe durch Peilung mit bloßem Auge exakt abgesteckt werden.
War der Auftrag erledigt, begann der Lokator mit dem nächsten Gründungsvorhaben ein neues Unternehmen. Es bestand aber auch die Möglichkeit, als Lohn für die geleistete Arbeit im Rodungsort auf einem – in der Regel größer zugemessenen – Anwesen zu verbleiben.

Lokator (mit Hut) in der Heidelberger Handschrift des Sachsenspiegels (Anfang 14. Jh.)

Streifenflur in Meßnerschlag

bringt weitere Gewissheit: Bei der Flurform handelt es sich um eine mehrteilige Plangewannflur, nicht um eine Waldhufenflur mit nur einem breiten Besitzstreifen. Die strenge Regelhaftigkeit in der Abfolge der Besitzer zeigt sich nicht nur in den Parzellenkomplexen, die wegen ihrer Fläche als Kern der Plangewann-/Hofackerflur gelten können, sondern auch in den Zurodungen in Randlage. Die Flurnamen verraten dabei weitere Details: Das relativ beste Getreideland liegt in den Hofäckern, den Langäckern und im Kaasbüchel Feld, der Name Feuchtäcker weist auf die mindere Eignung hin, die Namen mit der Endung -aue/-au deuten auf Grünland, während die Bezeichnung Reuter die (spätere) Rodung unzweifelhaft anzeigt.

Messungen vor Ort ergaben in den Langäckern und Hofwiesen eine regelmäßige Streifenbreite von rd. 34 m, bei Teilungen von rd. 17 m. Das gleiche Breitenmaß konnte im Kaasbüchel Feld nachgewiesen werden, während in den Feuchtäckern und Hellerleiten mit knapp 30 m eine geringere Abmessung festzustellen ist. Ob die Streifenbreite auf ein bei der Anlage genutztes Feldmaß – etwa die Ruthe der Ostkolonisation (4,32 m; 8 x 4,32 m = 34,56 m) – zurückgeht, kann nicht entschieden werden. Es bleibt ebenfalls unklar, wie das Spezifikum Kasbergs, die immer wiederkehrende Abfolge der Besitzer A bis Q, zu erklären ist. Da sie auch in den späteren Zurodungen auftaucht, ist mit einer nachgründungszeitlichen Umlegung zu rechnen, obwohl sie nicht zu belegen ist.

Das Prinzip der mehrteiligen Streifenflur mit ein- oder zweizeiliger Reihensiedlung ist gleichwohl auch in den benachbarten Siedlungen Meßnerschlag, Kramerschlag, Lacken und Thurnreuth mit bloßem Auge zu erkennen. Der Überblick, den man vom Friedrichsberg (930 m) bei Thalberg hat, zeigt noch heute die Dominanz der Streifenflur im Umkreis von Wegscheid. Sie geht im oberösterreichischen Mühlviertel weiter (Hanging, Mistlberg, Kollerschlag, Vorder- und Hinternebelberg, Vorder- und Hinterschiffl, Julbach, Seitelschlag, Berdetschlag u. a.). Zu beiden Seiten der heutigen Landesgrenze unterstreicht das Suffix -schlag die Einordnung in die spätmittelalterliche Rodungsphase.

Im Vergleich der verschiedenen Ausbaugebiete des 13.–15. Jhs. fällt auf, dass die Orte auf der Wegscheider Hochfläche sich im Laufe der folgenden Jahrhunderte kaum veränderten. Es ist vermutlich die Lage am naturräumlichen Limit, die hier spätere Verdichtungen ausschloss. Die spürbar verkürzte Vegetationsperiode machte den Bauern das Überleben hier so schwer wie an keiner anderen Stelle des spätmittelalterlichen Siedlungsraums. In der Freyung z. B. liegen die Siedlungen in einem agrarökologisch wesentlich günstigeren Umfeld, doch auch hier sind Siedlungsverdichtungen in späterer Zeit nicht immer festzustellen.

Entwicklung der Hofstellen in ausgewählten Siedlungen der Freyung

	1301	1538/39	1788
Ahornöd	2	12	12
Oberndorf	4	8	6
Solla	2	2	2
Schönbrunn	2	6	6

Tobias Volckmer (1619): Augenscheinlicher Abriß ... der Straß ... Uf Prachaditz und Pudtweis: Die Karte zeigt, wie weit die Kolonisation bis zur Frühen Neuzeit vorgedrungen ist. Der ehemals große Nordwald ist – hier im Bereich des Passauer Abteilands und des oberösterreichischen Mühlviertels – auf einen schmalen Grenzwald geschrumpft. In den besiedelten Gebieten stehen einzelne Baumsignaturen für die wenigen verbliebenen Waldflächen.

Die zuvor angedeutete prekäre wirtschaftliche Lage der landwirtschaftlichen Anwesen in höheren Gebieten ist ohne flankierende Maßnahmen seitens der Landesherren nicht zu überwinden.

Das (vorläufige) Ende der bäuerlichen Kolonisation scheint im 15. Jh. erreicht zu sein. Dank kurzfristiger Vergünstigungen und spezieller Privilegien lässt sich der Raum zwar aufsiedeln, eine Dynamik wie im hochmittelalterlichen Siedlungsraum entfaltet sich aber nicht.

Dies mag durchaus mit der einsetzenden Kleinen Eiszeit zusammenhängen; dass die verkürzte Vegetationsperiode und die schlechteren Böden die Bauern hart treffen, ist unbestritten. Ob dies aber ursächlich mit den nachweisbar sinkenden

Temperaturen zu erklären ist, bleibt bei fehlenden direkten Belegen ungewiss.

Die Einführung von Innovationen im Bereich der Ortsformen (Platz- und Reihensiedlungen) und der Fluren (Plangewann-/Hofackerflur) zeigt, dass es Impulse von außen waren, die die Entwicklung anschoben. Die Kolonisationsepoche hatte (zumindest auf den ersten Blick) zwei Gewinner: Zum einen Nachgeborene, denn nicht erbberechtigte Bauernsöhne ergriffen die Chance, ihr Leben in die eigenen Hände zu nehmen und den sozialen Aufstieg über eine Hofstelle im Rodungsland zu versuchen. Zum anderen profitierten die Landesherren, denn sie verschafften sich durch die Expansion mehr Untertanen und größere Einkünfte; das festigte ihre Machtposition.

Dass sich die Siedlungs- und Flurformen nicht grundlegend geändert haben, sondern seit der Gründungszeit bis ins 19. Jh. weitgehende Persistenz zeigen, erlaubt uns heute Schlüsse auf den zeitlichen Ablauf und die räumliche Ausdehnung der Besiedlung, was aus schriftlichen Quellen in dieser Form nicht möglich ist.

Die ganz nach Bedarf und lokalen Rücksichten aus einem Fundus an Mustern gewählten Orts- und Flurformen unterstreichen die agrarökologisch problematische Situation beim Landesausbau: Die Redewendung ‚Not macht erfinderisch‘ scheint die Sache gut zu treffen.

Infolge der hoch- und spätmittelalterlichen Kolonisation veränderte sich die Umwelt also gravierend: Ackerland und Grünland dominieren im zuvor geschlossenen Waldgebiet. Vom großen Nordwald, wie er noch um 1000 bestand, existiert um 1600 nur noch ein schmaler Grenzwald im Bereich der Kammlagen.

Nichtlandwirtschaftliche Siedlungen

Den bisher betrachteten Siedlungen schließt sich eine Sammelrubrik an, in der schwerpunktmäßig bergbaulich-gewerbliche Siedlungen beleuchtet werden. Hinzu kommen zwei weitere Gruppen: eine kleine Anzahl von Verkehrssiedlungen sowie

Wallfahrtsorte. Sie ergänzen das landwirtschaftliche Profil mit speziellen Einrichtungen, die einerseits den materiellen Gewinn, andererseits das Seelenheil der Menschen im Blick haben. Die große Vielfalt der handwerklich-gewerblichen Aktivitäten in Stadt und Land wird hingegen im Kapitel „Leben und Arbeit" vorgestellt.

Mit dem Wunsch nach plötzlichem Reichtum durch Gold- oder Silberfunde zog es die Menschen immer wieder in die Gebirge. Manchmal ging die Rechnung auf, z. B. im Harz oder im Erzgebirge, oft aber wurden die Hoffnungen enttäuscht. In diese letzte Kategorie fällt auch der Bayerische Wald.

Der Bergbau in Bodenmais wird erstmals 1313 erwähnt, 1477 taucht auch der Name Silberberg auf, doch scheint der Ausbau der Grube nur zögerlich voranzugehen. Zur Förderung des ganzen Unternehmens werden Bodenmais und Lam 1522 mit Bergstadt-Privilegien ausgestattet, wie es im damals prosperierenden Erzgebirge üblich war. Doch die Hoffnungen sind – über die Zeiten hinweg betrachtet – rosiger als die Bilanzen: Trotz verschiedener Versuche gelingt es nicht, den Bergwerksbetrieb rentabel zu führen. Für 1789 ist belegt, dass elf Bergleute beschäftigt waren, die etwa 400 t Erz förderten. Wenn dennoch um 1840 der Bergbau (mit Vitriolhütte, Erzhütte, zahlreichen Nebengebäuden und mehreren Wohnhäusern) als wirtschaftliche Säule gilt, wirft das ein deutliches Licht auf die insgesamt schwierigen wirtschaftlichen Verhältnisse im hinteren Wald. Man wechselt die Produktionsausrichtung immer wieder – seit dem 18. Jh. ist man auf die Herstellung von Polierrot umgestiegen, das in der Tafelglasproduktion nachgefragt wurde –, aber es gelingt nicht, aus den roten Zahlen herauszukommen. 1962 wird die Grube (zum wiederholten Mal) geschlossen. Heute ist hier ein Besucherbergwerk eingerichtet, das Touristen als Attraktion dient; zusätzlich gibt es für Asthma- und Bronchitispatienten einen Therapiestollen, in dem die feuchte, kalte Luft zu Heilzwecken genutzt wird.

Ein ähnliches konjunkturelles Auf und Ab kennzeichnet auch den Bergwerksbetrieb um Lam, der bis ins Jahr 1463 zurückgeht. Die Fürstenzeche z. B. betrieb Bergbau auf Silber und Flussspat; nur phasenweise (1608–1620, 1692–1707, 1760–1774) läuft der Betrieb, bleibt aber stets unrentabel. Letztmalig

Das Graphitbergwerk Kropfmühl

arbeitet die Grube von 1960 bis 1962, ein plötzlicher Wassereinbruch führt jedoch schnell zur erneuten Schließung. Es kommen weitere Gruben um Lam hinzu (Quarzbrüche am Hörndl, am Schwarzeck und in der Hirschengrube; Johanniszeche auf Schwefel- und Magnetkies), doch auch diese sind ohne Perspektive. Die Fürstenzeche ist seit 1998 als Besucherbergwerk teilweise für die Öffentlichkeit zugänglich. Die alten Bergwerkshalden bilden einen Anziehungspunkt für Mineraliensammler (Pyrit, Bleiglanz, Zinkblende, Turmalin, Bergkristall u. a.).

Das ehemalige Bergwerk Rotkot (Eisenerz) in Theresienthal bei Zwiesel fügt sich nahtlos in diese Reihe ein. Über einen Zeitraum von 375 Jahren war es nur 72 Jahre in Betrieb; seit 1955 ist der Abbau eingestellt. An wieder anderen Stellen verstummte das Bergfieber gleich nach den ersten Bergbauversuchen, so um 1495 bei Kreuzberg, Grainet, Oberseilberg und Wollaberg (bei Freyung).

Eine besondere Geschichte hat der Graphitbergbau von Kropfmühl im Landkreis Passau aufzuweisen. Es handelt sich hierbei um reinen Kohlenstoff, der in bergbaulich schwierige Strukturen eingebettet ist. Seit vorgeschichtlicher Zeit werden die Vorkommen genutzt; im 16. Jh. machen die aus Graphit, Ton und Quarz (5:4:1) hergestellten schwarzen Schmelztiegel, die von Metallgießern und Münzmachern stark nachgefragt werden, den Verarbeitungsort Obernzell an der Donau berühmt. Der Abbau erfolgt in zahlreichen Kleingruben durch die Grundeigentümer im Nebenerwerb, die hierdurch aber phasenweise bedeutende Erlöse erzielen. Erst Mitte des 18. Jhs. entstehen größere Gruben, die im 20. Jh. zu einem Großbetrieb (Graphitwerke Kropfmühl, heute AMG Mining AG) zusammengefasst werden. 1970 erreicht die Produktion mit über 16.000 t ihr Maximum, doch 2005 wird die Förderung eingestellt. Im Sommer 2012 allerdings wird der Betrieb wieder aufgenommen. Bei den schwankenden Weltmarktpreisen öffnet sich aktuell wieder ein Fenster für das börsennotierte Unternehmen mit Hauptsitz in Amsterdam: Die starke globale Roh-

Die Millionenbauern von Pfaffenreut

Im 19. und noch zu Beginn des 20. Jhs. liefen die Geschäfte mehrerer Bauern aus Pfaffenreut und anderen Dörfern im Umkreis von Kropfmühl sehr gut. Sie förderten im so genannten Grundeigentümerbergbau hauptsächlich im Winterhalbjahr, wenn die Landwirtschaft ruhte, auf ihren Feldern in selbstangelegten, bis zu 30 m tiefen Schächten das ‚schwarze Gold' zu Tage, das an die Graphitbetriebe verkauft wurde. Der Zuverdienst war so beträchtlich, dass er in Luxusgüter investiert werden konnte, mit denen der plötzliche Reichtum nachdrücklich zur Schau gestellt wurde. Es wurden teure Pianos gekauft, polierte Möbel in die gute Stube gestellt, seidene Bettdecken und kostbares Silbergeschirr angeschafft – Gegenstände, die man sonst in Bauernhäusern vergeblich suchte.

Beim Wirtshausbesuch brauchte man sich als reicher Graphitbauer nicht zurückzuhalten. Wenn die illustre Runde im Millionenstüberl des Gasthofs Lanz im nahen Untergriesbach saß, konnte man gut zeigen, was man hat, und kräftig Eindruck schinden: Man spielte Karten. Dabei ging es um viel Geld. Die Einsätze waren oft höher als der Lohn eines Bauernknechts. Man kümmerte sich nicht um die Rechnung und zündete die dicke Zigarre auch mal mit einem brennenden Geldschein an. So wurde schnell klar, wer mithalten konnte und wer nicht.

stoffnachfrage, v. a. aus China, lässt die Preise kräftig steigen. Man plant, jährlich etwa 6000 t Rohmaterial in Tiefen bis 270 m abzubauen, aus dem etwa 1300 t Reingraphit hergestellt werden. Am Standort werden insgesamt 24.000 t/a Rohmaterial verarbeitet; die Hauptmasse des Graphits kommt aus Simbabwe und Sri Lanka. Für feuerfeste Produkte, Bremsbeläge, Batterien u. a. bildet Graphit einen wichtigen Zuschlagstoff. Trotz der günstigen Perspektiven ist nach Expertenurteil jedoch nicht mit einer Renaissance des Bergbaus zu rechnen. Allerdings zeichnen sich mit der rapide zunehmenden Bedeutung der Elektromobilität seit 2020 plötzlich wieder bessere Chancen für Graphit ab.

Auch auf böhmischer Seite werden die Vorkommen südlich von Krummau (Český Krumlov) genutzt, hier traditionell für die Bleistiftherstellung. Seit 1790 produziert die Firma Hardtmuth die berühmten Koh-i-Noor Bleistifte, die von hier in die ganze Welt gehen. Das Auf und Ab dieses Gewerbestandorts ist mit Kropfmühl vergleichbar: 1992 Privatisierung, 1996 Insolvenz, 2006 Nachfolgegesellschaft, 2009 Konkurs.

Die zweite Gruppe der nichtlandwirtschaftlichen Siedlungen umfasst solche mit Verkehrsfunktionen. Bereits in keltischer und römischer Zeit (s. o.) war das Waldgebiet Transitraum. Mit der allgemeinen Bevölkerungszunahme wird auch diese Funktion prinzipiell wichtiger. Unter den Sammelnamen Böhmweg, Bayerweg und Goldener Steig werden Passwege zusammengefasst, die das Gebirge auf vielfältigen Saumwegen (Grenzwegen) überwinden (s. Abb. auf S. 71). Heutzutage sind diese alten Handelswege längst als Wanderwege reaktiviert; vielfach werden sie auch über Events (Säumerfeste, nachgestellte Saumzüge usw.) inszeniert. Bei allen Routen ging es seit jeher um den Güteraustausch über die Kammlinie hinweg.

Es war das Salz aus Reichenhall, Hallein und anderen salzburgischen Orten, das auf diesem Weg nach Böhmen transportiert wurde. Die Routen verliefen über Linz nach Budweis, über Passau nach Prachatitz (Prachatice), Winterberg (Vimperk) und Bergreichenstein (Kašperské Hory; ehem. Bergstadt mit Goldmine, deren Reaktivierung z. Zt. diskutiert wird), über Deggendorf nach Eisenstein (Železná Ruda) und weiter nach Böhmen (Schüttenhofen/Sušice) sowie von Straubing über Viechtach, Kötzting, Neukirchen b. hl. Blut nach Neugedein (Kdyněn) und Taus (Domažlice). Vom Ende des 12. bis ins 16. Jh. spielt dieser Handelsweg eine wichtige Rolle. So deutet der Ortsname Hinterschmiding in der Freyung darauf hin, dass hier auf dem Winterberger Ast des Goldenen Steigs

Lebendige Geschichte: Schmiedefest, Säumer- oder St. Guntherfest

„Endlich am Ziel in Hinterschmiding angekommen, hatten sich die Säumer eine Stärkung beim Schmiedefest wahrlich verdient: Anlässlich des Jubiläums ‚1000 Jahre Goldener Steig' organisierte der Graineter Säumerverein einen historischen Säumerzug auf dem ehemaligen Winterberger Steig. Start des Zuges war am Wagenwasser, dem damaligen wie heutigen Grenzbach zwischen Bayern und Tschechien. Über Philippsreut und Herzogsreut, wo jeweils eine Rast eingelegt wurde, führte der Fußmarsch bis nach Hinterschmiding, wo die Gruppe bereits beim Schmiedefest erwartet wurde" (Passauer Neue Presse, 25.8.2010). Hinter dem heutigen Fest stecken handfeste Fakten: Es waren Bauern aus den Siedlungen am Goldenen Steig, die mit ihren Söhnen und Knechten als Nebenerwerb die Säumerei betrieben. Der um Freyung und Waldkirchen verbreitete Familienname Sammer hat hier seinen Ursprung.

In ähnlicher Weise findet in Grafenau jeweils Anfang August ein Säumerfest statt, das die Geschichte des mittelalterlichen und frühneuzeitlichen Salzhandels aufwändig und mit hoher Publikumsbeteiligung inszeniert. In historisierender Kleidung ziehen Säumer mit Pferd und Wagen von Haus im Wald nach Grafenau. Das ganze wird am Zielort zu einem großen Spektakel mit Spielmannszügen, Gauklern, Trachtenvereinen und einem mittelalterlichen Markt (mit Bogenschießen, Dreschen, Brotbacken u. a.) ausgeweitet.

Die Liste der Festveranstaltungen bzw. Events mit historischem Bezug ist lang und kann hier nur angedeutet werden: Pandurenfest in Spiegelau, Pichelsteinerfest in Regen, St.-Hermann-Kirwa in Bischofsmais, Fuhrleute-Gedächtnisfahrt und St. Guntherfest in Rinchnach, Goldsteigfest in Zenting, Drescherfest in Breitenberg und vieles mehr.

der letzte Schmied zum Beschlagen der Saumrösser vor dem Erreichen des Grenzwaldes anzutreffen ist. Wagner, Wirte und Säumer ergänzen das Spektrum der gewerblichen Berufe. Auch Fürholz, am Prachatitzer Ast gelegen, hat einen sich selbst erklärenden Ortsnamen: Es handelt sich um den letzten Ort vor dem Holz (Wald).

Nach dem Tod Ludwigs II., dem König von Böhmen und Ungarn, im Jahr 1526 tritt das Haus Habsburg die Erbfolge in Böhmen an. Nun werden habsburgische Salzvorkommen genutzt, um Außenzölle einzusparen. Das Halleiner Salz wird durch hohe Einfuhrzölle aus Böhmen verdrängt, die verschiedenen Böhmwege verlieren schlagartig an Bedeutung.

Die letzte Gruppe unter den Siedlungen fällt aus dem Rahmen. Es handelt sich um Orte des Seelenheils, die zu symbolischen Orten mit besonderer Strahlkraft auf die Gläubigen aufgewertet wurden. Der Bogenberg (431 m ü. N.N., 118 m über der Donau) ist dank seiner exponierten Lage auf dem ↗Donaurandbruch mit der ältesten Marienwallfahrtskirche Bayerns hier an erster Stelle zu erwähnen. Seit dem 11. Jh. ist die Wallfahrt belegt, 1295 wurde die erste Wallfahrtskirche errichtet. Die kultische und strategische Bedeutung dieses Platzes reicht jedoch weit in die Vorgeschichte zurück. Bereits aus der frühen Bronzezeit sowie aus der keltischen Zeit (Hallstatt A) stammen die verschiedenen Befestigungsanlagen und Abschnittswälle, die das Plateau sicherten.

Ein anderer Wallfahrtsort steht in direktem Zusammenhang mit der Besiedlung: Das Wallfahrtskirchlein Frauenbründl – östlich von Rinchnach mitten im Wald gelegen – soll auf den Niederaltaicher Mönch Gunther zurückgehen, der sich 1011 hierher zurückzog. Erst 1766 wird die Wallfahrtskirche in der Nähe einer Quelle errichtet, deren Wasser bei Augenleiden Linderung verschaffen soll. Ähnlich verhält es sich mit St. Hermann bei Bischofsmais. 1322 ließ sich hier ein Einsiedler des Klosters Niederaltaich nieder; die über der Hermannsquelle errichtete Brunnenkapelle geht ins frühe 17. Jh. zurück.

Neukirchen beim Heiligen Blut verdankt seinen Namen einer Wallfahrt, die aus den Wirren der Hussitenkriege des 15. Jhs. hervorging. Als um 1420 ein Hussit eine Marienfigur mit

Die Wallfahrtskirche auf dem Bogenberg

dem Schwert zerstören will, schießt – so geht die Legende – eine blutartige Flüssigkeit aus dem Kopf der Figur. Die danach einsetzende Wallfahrt bringt dem Ort (neben den wichtigen finanziellen Einkünften) den Namenszusatz ein, den er bis heute hat.

Kreuzberg in der Freyung profitiert gleich von mehreren Vorzügen: Es liegt am Goldenen Steig, wird 1354 zum Markt erhoben und ist seit mindestens 1429 Wallfahrtsort. Im 17. und 18. Jh. erlebt die Wallfahrt zur Heiligen Anna ihren Höhepunkt.

Endspurt: Neuzeitliche Kolonisation

Im Rahmen der merkantilistischen Wirtschaftspolitik des Absolutismus (17. und 18. Jh.) wird der Reichtum eines Landes in seinem Grund und Boden gesehen. Dies spornt gerade kleinere Landesherren an, alle Ressourcen intensiv zu nutzen – nicht zuletzt den Passauer Fürstbischof zur Finanzierung der teuren Hofhaltung mit Prachtbauten und -gärten. So kommt es in dieser Zeit im Bayerischen Wald zu abweichenden Entwicklungen im bayerischen und im passauischen Teil: Während der Passauer Fürstbischof alles daransetzt, auch noch die letzten Winkel zu erschließen, lastet auf dem viel größeren bayerischen Territorium kein derartiger Druck.

Im Hochstift Passau lockt der verbliebene Grenzwald (s. Abb. auf S. 71). Wer hier zuerst weit vorstößt, kann bei der späteren linearen Grenzfestlegung, auf die nun alles zuläuft, Ansprüche geltend machen. Das Hochstift Passau und die Herrschaft Krummau (Böhmen) stehen sich als Konkurrenten gegenüber. Der Fürstbischof legt sich gewaltig ins Zeug. 1618 gründet er Leopoldsreut, Schwendreut und Herzogsreut; 1670 folgen Hinterfreundorf und Obergrainet, 1687 Neuhütte, 1692 Philippsreut, 1698 Mauth, 1699 Vierhäuser und Zwölfhäuser, 1700 Hohenröhren, 1703 und 1704 Heinrichsbrunn und Finsterau, 1705 Bischofsreut, 1721 Raimundsreut, 1724 Annathal und Frauenberg, 1764 Vorder-, Mitter- und Hinterfirmiansreut und zum Abschluss – unmittelbar an der heutigen deutsch-tschechischen Grenze – 1786 Auersbergsreut.

Was man erst bei der Zusammenschau über die Territorien hinweg erkennt: Die Gründung von Vorder-, Mitter- und Hinterfirmiansreut ist eine Reaktion auf die böhmischen Gründungen Unter- und Oberlichtbuchet (Dolní und Horní Světlé Hory), die vier Jahre zuvor angelegt worden waren.

Die Kolonisten in Firmiansreut erhalten die Aufgabe, die Grenze gegen Böhmen zu sichern. Daher sind alle Häuser so gebaut, dass die Fenster des Wohnteils nach Osten gerichtet sind, damit die Grenze stets im Blick ist. Als sich Jahre später die Siedler hierüber beklagen und auf die starke winterliche Beeinträchtigung durch den kalten Böhmwind hinweisen, wird ihr Ersuchen, den Stallteil mit dem Wohnteil zu tauschen, umgehend mit Verweis auf die Zustimmung von 1763 abgelehnt. Noch heute stehen die Einhäuser (Wohn- und Wirtschaftsteil unter einem Dach) in der Position der Gründungszeit.

Hinter diesen Auseinandersetzungen stehen handfeste Territorialstreitigkeiten. Die Kammlinie des Gebirges und auch die Wasserscheide Donau/Moldau (zugleich europäische Hauptwasserscheide Mittelmeer/Atlantik) sind bereits aus der Perspektive des Hochstifts überschritten. Nun geht es um die Durchset-

Bewerbungsgespräch auf Burg Wolfstein anno 1763

Die Auswahl der geeigneten Siedler für den Bayerischen Wald erfolgt auf Burg Wolfstein; weil die schwierigen Lebensbedingungen im hinteren Wald bekannt sind, weiß man, wer sich bewirbt: nachgeborene, nicht erbberechtigte Bauernsöhne, Tagelöhner und Handwerker aus dem nahen Umkreis. Ihnen ist das harte Leben in den Hochlagen vertraut, sie wissen genau, worauf sie sich einlassen. Alle Gespräche zwischen dem Pfleger von Wolfstein und den Aspiranten sind darauf angelegt, aus den Bewerbern diejenigen herauszufinden, die die Bedingungen des Landesherrn ausnahmslos akzeptieren und bereit sind, ein entbehrungsreiches Leben im hinteren Wald zu führen. Hier ein Auszug:

Wie Deponent heiße, von wannen er gebürtig, wie alt, und ob er ledig oder verheiratet sei?

Heiße Georg Schreiner, sei zu Oberhaßlach, Probstei Oswald, Land Bayern, gebürtig. 55 Jahre alt, verheiratet mit 2 erwachsenen Kindern versehen und dermalen bei dem Glashüttenmeister am Schönbrunn, Herrschaft Wolfstein, in der Herberge.

Ob Deponent, im letzteren Fall erwachsene Kinder und wieviel davon habe?

Ad resp. 1mum hiervon erläutert und gedenket er Deponent für eines aus obigen Kindern ein Eigentum zu erkaufen und baulich herzurichten.

Ob er niemals zu Arrest gelegen und im Fall warum?

Nein.

Mit was er sich ernähre?

Mit Tagwerken bei obigem Glashüttenmeister.

Was er wirklich an Bargeld oder im Geldwert dermahlen wirklich besitze, auch ob und woher er annoch etwas zu hoffen habe?

Habe dermahlen an Bargeld 50 fl. besamt einer ergiebigen Hausfahrnis.

Quelle: Fehn 1937 (auf Grundlage der beim Landshuter Archivbrand 1961 teilweise zerstörten Originalquellen)

zung weiterer Ansprüche. Die Auseinandersetzungen um den Verlauf einer linearen Grenze, die hier erstmalig festgelegt werden musste, werden aktenkundig. Es entstehen Karten, in denen die strittigen Ansprüche beider Seiten festgehalten werden. So zeigen Plankarten des Hauptstaatsarchivs München (Pl 260 I-II) die Forderungen beider Seiten (wenig diplomatisch mit den Zusätzen „Passauer berechtigte Ansprüche“ – „Böhmische Anmaßungen“) und wie man sich nach langen Streitigkeiten endlich auf eine mittlere Linie einigt. Diese ist zwar an natürliche Gegebenheiten angelehnt, aber keineswegs eine natürliche Grenze, sondern eine von Menschen festgelegte Linie der Einigung, ein Konstrukt. Dabei stellt sich im Rückblick der Fürstbischof als territorialpolitisch durchsetzungsfähigerer Akteur heraus, der mit einer offensiven Siedlungspolitik seinen Herrschaftsbereich stellenweise über die Kammlinie ausdehnen kann.

Schachten: Mehr als nur baumfreie Waldwiesen

Die Landesherren suchen immer wieder nach Möglichkeiten einer Nutzung der großen Wälder im Grenzgebiet. Mehr oder weniger baumfreie Waldwiesen, die es von Natur aus in steiler Lage oder auf staunassen Flächen in unterschiedlicher Größe gibt, sind die Ansatzpunkte für landwirtschaftliche Aktivitäten. Seit dem 17. Jh. dienen sie dem Großvieh (Jungstiere) als Weideflächen; in den Aufzeichnungen führen sie den Namen Schachten.

Die Streitigkeiten, die um die Rechte des ‚Blumbesuchs' zwischen dem Landesherrn und den Gemeinden bzw. Bauern entbrennen, sind in den Gerichtsakten festgehalten: So sind zahlreiche Details zu ihrer Entstehung überliefert. Vor allem in den Hochlagen des heutigen Landkreises Regen bestehen noch über 25 Waldwiesen, z. B. Buchhüttenschachten am Kleinen Arber, Albrechtschachten östlich des Höllbachgsprengs, Almschachten bei Frauenau oder Sulzschachten am Großen Falkenstein.

Als es sich in den 1950er-Jahren abzuzeichnen beginnt, dass viele Schachten nicht mehr genutzt werden, ergreift die Forstverwaltung ihre Chance zur Aufforstung der Freiflächen. Der massive Widerstand der Betroffenen führt jedoch zur raschen Einsicht: Seit 1964 werden keine Schachten mehr aufgeforstet – sie gelten als erhaltenswerte Überbleibsel einer früheren Kulturlandschaft.

Im mittleren und nördlichen Abschnitt des Bayerischen Waldes spielen derart intensive Auseinandersetzungen um den Grenzverlauf zwischen dem Kurfürstentum Bayern und dem Königreich Böhmen keine Rolle. Hier denkt man großräumiger und findet in den Wäldern – ebenfalls an natürliche Fixpunkte (Landmarken) angelehnt – eine Linie des Ausgleichs und der Verständigung; auch hier aber handelt es sich nicht um eine natürliche Grenze, sondern um eine Linie, die im Laufe der Zeit und im Gespräch mit den Anrainern festgelegt wurde.

Der ganz auf territoriale Expansion bedachte Passauer Fürstbischof hat die Interessen seiner Siedler weniger im Blick, wie schon der Fall Firmiansreut zeigte. Als Lebensgrundlage der neuen Dörfer werden in absolutistischer Manier, aber ohne Fürsorge eine kleine Landwirtschaft, Handel auf dem Goldenen Steig (seine Blütezeit war längst vorüber), Holzeinschlag und die Grenzsicherung verkündet.

Das Beispiel Leopoldsreut zeigt die Problematik in aller Deutlichkeit: Der Ort liegt in 1109 m unweit des Haidel (1167 m) in ostexponierter Hanglage am Goldenen Steig jenseits der Wasserscheide im Einzugsgebiet der Moldau. In den Quellen sind neun Gründungsanwesen bezeugt, die zu beiden Seiten der Straße gruppiert sind (s. Abb. auf S. 84). Es handelt sich um eine zweizeilige Reihensiedlung mit je einem hofanschließenden Streifen Wirtschaftsland im Bereich der Hausörter. Wegen der ↗agrarökologisch schwierigen Verhältnisse will der Landesherr mit dieser restriktiven Landzuweisung von Anfang an deutlich machen, dass in dieser Höhenlage Landwirtschaft keine Option sein kann. Bei den Siedlern, die existenziell denken, findet das keine Akzeptanz. Doch bereits 1625 sind die drei Neugründungen Leopoldsreut, Herzogsreut und Schwendreut von Seuchenzügen betroffen, denen alle Bewohner zum Opfer fallen. Es erfolgt mit Blick auf die Kriegsunruhen in Böhmen zwar eine umgehende Neubesiedlung, doch keine Verbesserung der Lebensgrundlagen. Essentielle Leistungen (Unterhalt der Straße, der Brücken und der Stege, jährliche Lieferung von 1 Klafter Scheitholz nach Wolfstein) werden darum unverändert von den Bewohnern gefordert. Es ist daher nicht verwunderlich, dass diese wiederholt Petitionen beim Bischof einreichen, die auf

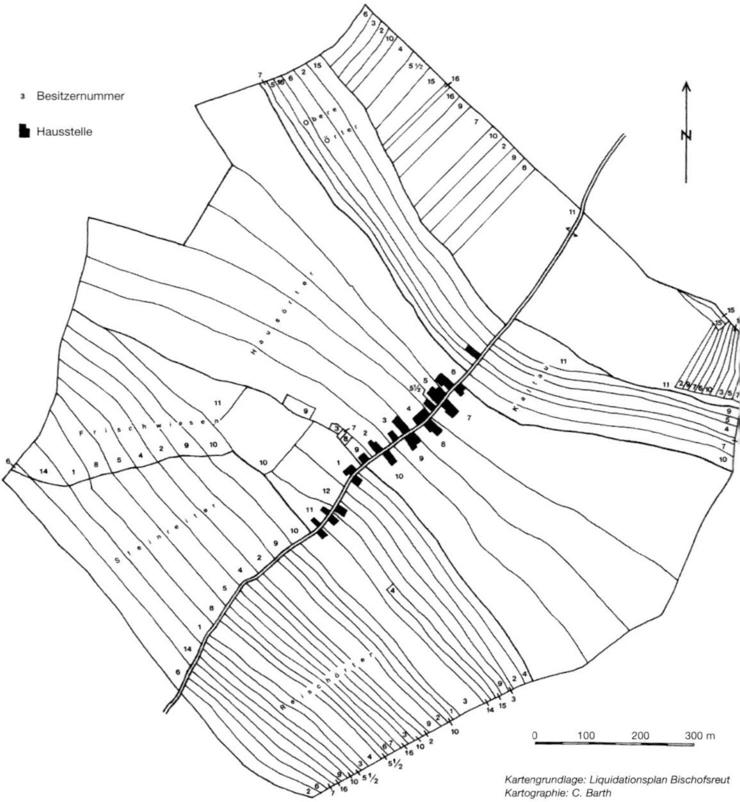

Leopoldsreut wurde 1963 von seinen letzten Bewohnern verlassen

↗Zurodungen zielen. Nur in kleinen Portionen gibt ihnen der Bischof hierzu die Erlaubnis: zunächst im Bereich der Steinreiter (der Name verrät bereits die schlechte Bodenqualität), dann auch in den Reischörtern und Frischwiesen, zum Schluss in den Oberen Örtern und der Kaltau.

Die Perspektiven beider Seiten gehen erkennbar auseinander: Die Bewohner wollen eine Landwirtschaft aufbauen, wie sie diese aus ihrem Herkunftsgebiet, der Freyung, mit ackerbaulicher Dominanz und mehrteiliger Streifenflur kennen. Es ist erstaunlich zu sehen, dass es ihnen auch gelingt, dieses Modell gegen den Willen des Landesherrn durchzusetzen – hier erweisen sie sich als mächtig; doch es sollte ein Pyrrhussieg werden. Der Landesherr dagegen setzt auf Vieh- und Weidewirtschaft, regt mit den Tieren den „Blumbesuch“ (Waldweide) sowie die Anlage von Schachten (Grünlandflächen im Wald) an, wie sie auch in anderen Hochlagen des Bayerischen Waldes (v. a. um Arber und Rachel) verbreitet sind. Beide Konzepte erweisen sich im Fall von Leopoldsreut und Schwendreut als defizitär: Der Ackerbau ist in dieser Position nicht ertragreich, die Grünland- und Viehwirtschaft bildet ohne ausreichende Flächen auch keine Existenzbasis. Selbst die Kombination beider Konzepte, die Feldgraswirtschaft, kann nicht die so genannte ↗Ackernahrung erreichen.

Das Leben und Wirtschaften geht in beiden Orten noch über 300 Jahre am Existenzminimum weiter. 1957 schließlich wird Schwendreut von den letzten Bewohnern verlassen, 1963 Leopoldsreut. Die Flur ist längst vom Wald bedeckt, doch die Hausstellen von Leopoldsreut sind noch zu erahnen; die Schule und die Kirche stehen noch, ein grünes Ortsschild, hinter Nadelbäumen teilweise versteckt, zeigt dem Fremden, wo er sich befindet.

Dobrá (Guthausen) in der Moldausenke (CZ), gegr. 1816: ehemals Wohngebäude eines Holzfällers, jetzt Wochenendhaus

Die 1585 durch die Ritter von Degenberg gegründete Siedlung Oberbreitenau, in 1018 m zwischen Einödriegel (1121 m) und Breitenauriegel (1114 m) gelegen, ist ein vergleichbarer Fall: Die Existenz der Siedler war nie gesichert, ein außerlandwirtschaftlicher Zuverdienst unumgänglich, aber schwierig; 1956 fällt der Ort wieder wüst. Die anderen neuzeitlichen Gründungen bestehen weiter. Sie liegen wie Philippsreut, Bischofsreut oder Mauth einerseits nicht in naturräumlich so extremer Position, andererseits finden sie immer neue Nischen mit (begrenzten) Perspektiven.

Auf böhmischer Seite verfolgen die Schwarzenberger, denen 1719 die Herrschaft Krummau durch Erbgang zufällt, ein anderes Konzept: Sie erschließen das Waldgebiet zur (Brenn-)Holzgewinnung, was bei der großen Nachfrage und den gestiegenen Preisen in Linz und Wien ein einträgliches Geschäft in Aussicht stellte. Es entstehen nun Holzhauersiedlungen, deren Bewohner jährlich 100 Klafter gegen Entlohnung einschlagen müssen.

Mensch und Umwelt

Beim Blick auf die schwierigen Bedingungen, mit denen die Menschen bei der Rodung des hinteren Waldes konfrontiert waren, stellt sich schnell die Frage nach den Determinanten des Landesausbaus. Sind die Vorgaben durch Klima, Boden und Relief wirklich so massiv, dass sie dem Menschen Grenzen setzen? Kann man sich nicht durch Neuerungen und technische Entwicklungen darüber hinwegsetzen? Tatsächlich betonte man früher die überragende Rolle der Natur. Klima, Boden und Relief seien massive Einflussfaktoren (‚Gegebenheiten'), die man nicht überwinden könne; die Natur determiniere die Menschen in ihren Aktivitäten.

Heute sehen wir diesen Themenkreis differenzierter: Frühere Gesellschaften sind ohne Frage durch die Natur stark eingeengt worden. Züchterische Erfolge bei Pflanzen und Haustieren lockerten die Restriktionen jedoch Schritt für Schritt – so unterstreicht es auch die Siedlungsgeschichte des Bayerischen Waldes. Technische Entwicklungen, die Mechanisierung der Landwirtschaft, aber auch gesellschaftliche Veränderungen (z. B. die Bauernbefreiung, also die Lösung der Bauern aus der grundherrschaftlichen Bindung im 19. Jh.) schufen Freiräume, die zuvor nicht bestanden. Die

Ihnen steht nur wenig Acker- (2 Strich ≈ ½ ha) und Waldland (9 Strich ≈ 2½ ha) zur Verfügung – der Holzeinschlag sicherte die Existenz, wenn auch auf niedrigem Niveau. Die Siedlungen sind in einzeiligen Reihen (z. B. in Guthausen) angeordnet oder als Streusiedlungen (z. B. um Fürstenhut) konzipiert. Schon kurz nach 1720 werden Buchwald/Bučina und Hüttel unweit der Moldauquelle gegründet, ebenso Ober- und Unterschönberg (Horní/Dolní Krásná Hora) gegenüber von Auersbergsreut sowie Leimsgrub/Hliniště (b. Kuschwarda/Strážný). Am Ende sind es allein zwischen Moldau und heutiger Landesgrenze 47 Holzhauersiedlungen, die zum allergrößten Teil bis 1800 entstehen.

Der Vergleich mit der passauischen Seite verdeutlicht, dass zwar auch hier die Siedler aus den Glashütten oder dem älteren Bauernland kommen und Inleute, Tagelöhner oder Handwerker sind, dass aber für ein wirtschaftlich tragfähiges Konzept gesorgt ist und die Kolonisten damit eine Perspektive erhalten.

Natur gibt – so sagen wir heute – zwar nach wie vor einen Rahmen des Handhabbaren, des Machbaren, des ökonomisch Sinnvollen vor, aber der Mensch hat heute viel mehr und effektivere Möglichkeiten des Eingriffs. Damit ergeben sich Chancen – zum Guten und zum Schlechten: Dank hoher agrarischer Überschüsse geht der Nutzungsdruck in Peripherräumen wie dem Bayerischen Wald zurück, andererseits bleibt der (gedachte) Gewinn z. B. durch Schadstofffferntransporte, die zu Waldsterben führen, oder durch steigende Emissionen vor Ort gleich wieder auf der Strecke.

Die Zusammenhänge sind komplex, die Debatten kontrovers, die Positionen nicht unstrittig; so viel aber ist klar: Auch wenn der Naturdeterminismus überholt ist, können wir die Natur nicht um den Finger wickeln. Es gibt nach wie vor Eckpunkte, die uns ein Ende der menschlichen Möglichkeiten signalisieren oder sogar nahelegen. Man kann es auch noch drastischer formulieren: Die Natur kommt mit allen Eingriffen und Veränderungen, mit Meteoriteneinschlägen, Eiszeiten, Zerstörungen und Raubbau zurecht, indem sie sich neu einrichtet und einen anderen Weg einschlägt. Nur der Mensch schafft das nicht immer. Es geht also bei der Mensch-Umwelt-Problematik in letzter Konsequenz um das Überleben der Menschheit.

Man folgte also dies- und jenseits der Grenze verschiedenen Modellen der Erschließung.

Ein dritter und letzter Fall, der nochmals anders gelagert ist, betrifft die Neue Welt, ein neuzeitliches Rodungsgebiet um Breitenberg am Fuß des Dreisesselbergs (1332 m). Die Besiedlung begann hier unter Fürstbischof Wenzeslaus Graf von Thun (1629–1673) in der zweiten Hälfte des 17. Jhs. Ein späteres Rechtsgeschäft jedoch hatte auf die Landesentwicklung steuernden Einfluss: Kardinal-Fürstbischof Leopold Ernst Graf von Firmian (1708–1783) kaufte um 1760 die Herrschaft Rannariedl (mit Jandelsbrunn und Wildenranna) zurück und einigte sich mit Österreich und Böhmen auf den Grenzverlauf. Das Gebiet unterhalb des Dreisesselbergs gilt von da an als territorial unstrittig. Eine planmäßige Aufsiedlung mit strategischen Rücksichten gibt es in diesem Bereich nicht. Der Landesherr lässt ohne Auflagen die weitere Besiedlung zu.

Die Aufsiedlung erfolgt gänzlich ungeplant. Der an das spätmittelalterliche Siedlungsgebiet um Kasberg oder Meßnerschlag anschließende südliche Kolonisationsraum wird zunächst übersprungen; hier behinderte der verbreitete ausmärkische Besitz die Landnahme erheblich. Stattdessen werden in einem ersten Zug die besten Lagen in der Nordhälfte (Alt- und Neureichenau, Lackenhäuser, Klafferstraß, Gsenget, Breitenberg und Gegenbach) besetzt. Die Siedler, die auch hier ausnahmslos dem ländlichen Milieu entstammen und die bäuerlichen Ansprüche an Grund und Boden kennen, wählen topographisch vorteilhafte Lagen (trockene Standorte, günstige Exposition) für den Wohnplatz aus und achten auf die Bodengüte. Als Siedlungsform wählen sie Einzelhöfe, die in der ↗arrondierten Blockflur liegen. Für spätere Siedler bleiben nur noch mindergute Plätze, oft in beengter Lage, so dass sich die Flur auf mehrere, verstreute Blöcke verteilt.

Die Neue Welt ist auf dem soeben beschriebenen Entwicklungsweg zu einem Streusiedlungsgebiet (Einzelhöfe mit einzelnen Gruppensiedlungen) geworden. Relativ große Einzelhöfe (zumeist über 15 ha) mit ↗arrondierter Blockflur und großen Ackerlandteilen stehen kleineren und kleinsten Betrieben in ungünstiger Zwischen- und Randlage mit unvorteilhaf-

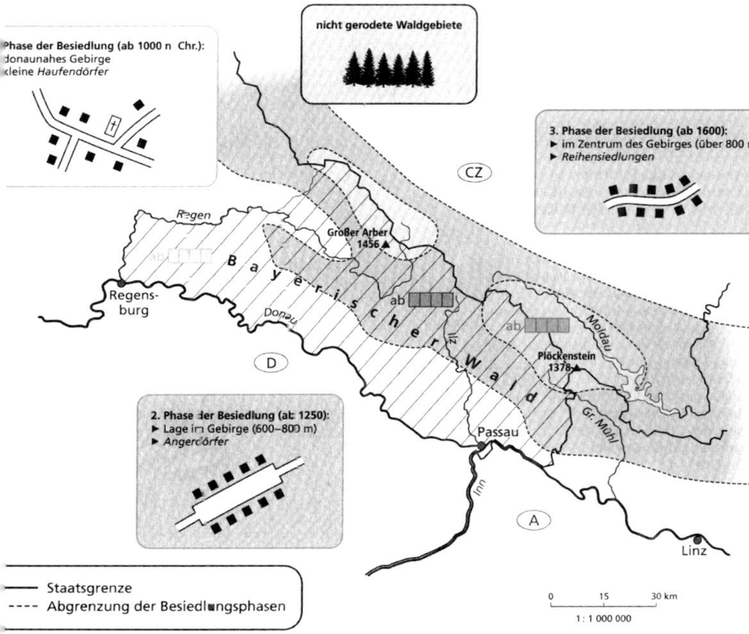

Phasen der Besiedlung des Bayerischen Waldes in einem Übungsbuch für Schüler der 5./6. Jahrgangsstufe: Die Siedlungsräume des Hoch- und Spätmittelalters gelten für das gesamte Gebirge, auch in Österreich und Tschechien. Der neuzeitliche Siedlungsraum dagegen umfasst nur einen kleinen Abschnitt rund um das Dreiländereck Deutschland, Tschechien, Österreich. Die nicht gerodeten Waldgebiete nehmen nur im Bereich des grenzüberschreitenden Nationalparks eine größere, zusammenhängende Fläche ein. Die zeitliche Zuordnung der einzelnen Phasen fällt jetzt nicht mehr schwer.

tem Zuschnitt des Besitzes gegenüber. Die ungelenkte Besiedlung lässt den Siedlern alle Freiheiten. Sie schaffen sich auch in diesem landwirtschaftlichen Ungunstgebiet die Möglichkeiten für erfolgreiches Wirtschaften. Die umfangreichere Flächenausstattung konnte aber nicht alle Mängel kompensieren – in Reichtum und Luxus schwelgte man hier zu keiner Zeit.

Wenzeslaus von Thun, der Landesherr, gab dem Rodungsgebiet noch den Namen Wenzelsreut – die freie Besiedlung setzte sich allerdings großzügig hierüber hinweg; der Name Neue Welt ist noch heute in Gebrauch. Der Fürstbischof konzentrierte sich mit Nachdruck auf die Beseitigung der Schäden des Dreißigjährigen Kriegs, den Wiederaufbau Passaus nach dem Stadtbrand von 1662 und den barocken Umbau des Doms. Die Neue Welt mag für ihn eine ferne Welt gewesen sein.

Von einem Endspurt bei der Kolonisation ist genau genommen nur in dem Teil des südlichen Bayerischen Waldes etwas zu spüren, in dem Passau und Böhmen aneinander grenzten. Hier wurden dies- und jenseits der Grenze konkurrierende Konzepte entwickelt und umgesetzt, mit denen man das Unmögliche schaffen wollte: die Inwertsetzung des hinteren Waldes. Die Bevölkerung hat hierunter gelitten, das Existenzminimum war mit den bestehenden Möglichkeiten kaum zu erzielen. Im Kurfürstentum Bayern dagegen hielt sich der Landesherr deutlich zurück. Es schien wenig angebracht, auf diesen Zug der Zeit aufzuspringen; man konnte es sich bei einem wesentlich größeren Territorium schließlich auch leisten, diesen Entwicklungsweg auszuschlagen. Die gewerbliche Nutzung der Wälder durch Glashütten (s. S. 112) war fraglos vorhanden, doch die neuzeitlichen Kolonisationsprojekte beschränkten sich auf die Verdichtung der bestehenden Siedlungen.

Die Karte auf S. 89 stammt aus einem Übungsbuch für Schüler der 5./6. Jahrgangsstufe. Die Siedlungsräume des Hoch- und Spätmittelalters gelten für das gesamte Gebirge, auch in Österreich und Tschechien. Der neuzeitliche Siedlungsraum dagegen umfasst nur einen kleinen Abschnitt rund um das Dreiländereck Deutschland, Tschechien, Österreich. Die nicht gerodeten Waldgebiete nehmen nur im Bereich des grenzüberschreitenden Nationalparks eine größere, zusammenhängende Fläche ein. Die zeitliche Zuordnung der einzelnen Phasen fällt jetzt nicht mehr schwer.

Auf kurfürstlich-bayerischem Territorium spielt der frühneuzeitliche Landesausbau nur eine ganz untergeordnete Rolle. Im Umkreis des Brotjacklriegels (1011 m) entstehen z. B. kurz nach 1700 die Streusiedlungen Langfurth, Daxstein, Neufang und Büchelstein. Die 4–6 ha großen Stellen, deren Fläche zu 50% aus Wald besteht, reichen selbst bei Nebenerwerb (als Tagelöhner oder im häuslichen Gewerbe) kaum zur Sicherung der Existenz.

Die Bilanz ist unter siedlungsgenetischem Aspekt klar: Der Bayerische Wald fügt sich in die Reihe der deutschen Mittelgebirge ein, besonders gut ist er mit dem Schwarzwald oder dem Erzgebirge vergleichbar. er wird etwa ab dem 11. Jh. von den niedrig gelegenen Teilen in Donaunähe und von der Regensenke aus erschlossen. Die Bedingungen werden mit zunehmender Höhe immer schwieriger, weil die klimatischen Parameter und der Boden schlechter werden. Daher kam die frühe Besiedlung nur in eine Höhe bis ungefähr 600 m. Mit neuen Konzepten und technischen Möglichkeiten gelang auch die Erschließung der zweiten Höhenstufe (600–800 m), wenngleich sich hier schon bald ankündigte, dass die landwirtschaftliche Nutzung immer problematischer würde. Das ist im neuzeitlichen Siedlungsraum (800–1109 m) unübersehbar. Hier war immer nur ein entbehrungsreiches Leben möglich, zwischen Planung und erfolgreicher Umsetzung klafft mancherorts eine erhebliche Lücke. Dass hier auf engem Raum drei ganz unterschiedliche Siedlungskonzepte zum Einsatz kamen, kann als Hinweis auf die besonderen Herausforderungen gewertet werden, auf die man keine schlüssige Antwort hatte.

Es waren wohl die neuzeitlichen Siedlungsräume mit ihren extremen Bedingungen, die das Image vom harten Leben im Wald begründeten. Ohne dies in Abrede stellen zu wollen, zeigt der vergleichende Blick in andere neuzeitliche Siedlungsräume, z. B. in das Bourtanger Moor in Nordwestdeutschland, dass auch dort nicht ohne Grund manche Gebiete erst spät besiedelt wurden. Im westlichen Niedersachsen an der deutsch-niederländischen Grenze war nicht die Höhe der Ungunstfaktor, sondern die Bodenfeuchte. Die hier genauso problematischen Lebensbedingungen der ersten Siedlergenerationen fasste der Volksmund in der Aussage zusammen ‚des Ersten Tod, des Zweiten Not, des Dritten Brot'.

Aus der Agrar- und Umweltgeschichte des Bayerischen Waldes können mehrere Erkenntnisse gezogen werden: Zunächst spielen die natürlichen Rahmenbedingungen eine wichtige Rolle. Der Landwirt früherer Jahrhunderte ist von der Fruchtbarkeit des Bodens und dem jahreszeitlichen Verlauf der Witterung in hohem Maße abhängig. Die Möglichkeiten der Bodenverbesserung sind begrenzt, die geringen züchterischen Erfolge erlauben das Wirtschaften nur in einem engen Rahmen.

Darüber hinaus ist die Agrarverfassung bis zur Bauernbefreiung im 19. Jahrhundert durch die Grundherrschaft mit weitgehendem Verfügungsrecht über den Boden und die abhängigen Bauern gekennzeichnet. Wenngleich seit dem Hochmittelalter die Bedingungen der Bauern mehrfach gelockert werden, bleibt das System bis zu seinem Ende prinzipiell starr. Die geschlossene Hofübergabe beim Erbfall schafft wenig neue Stellen, der Bevölkerungsdruck kann sich vorerst nur in der Binnenkolonisation bzw. in der ↗europäischen Ostbewegung ein Ventil schaffen.

Auch die Entwicklung der Landtechnik geht in vergleichsweise bescheidenem Tempo voran. Bis 1750 nimmt die Intensivierung der Bodenbearbeitung nur in kleinen Schritten zu, grundlegende Neuerungen sind nicht zu erkennen.

Vor allem auch die Eingriffe in die Umwelt, insbesondere die Rodung der dichten Walddecke, sind über die Zeiten hinweg betrachtet massiv: Aus Waldland wird Offenland. Im Rahmen einer bäuerlichen Wirtschaft, die auf Selbstversorgung ausgerichtet ist, spielt aber der Wald durchgehend eine wichtige Rolle. Die prinzipielle Zunahme seiner Fläche mit der Höhe ist erst das Ergebnis der großen mittelalterlichen Rodungen.

Landesausbau und Eingriffe in die Umwelt werden des Weiteren bis in die Neuzeit klar von den Landesherren bestimmt; sie geben das Muster und den Takt vor, sie lassen sich von ihren Interessen leiten. Dass die Siedler andere Prioritäten haben und mitunter sogar durchsetzen können, zeigt sich beim quellenmäßig gut belegten Kolonisationsprozess des 17. und 18. Jhs.; die Ungleichheit zwischen den beteiligten Akteuren, den Landesherren und den Untertanen, ist gleichwohl unübersehbar. Ein dritter Akteur, der freilich mit den beiden anderen nicht direkt vergleichbar ist, die Natur, wird oftmals als solcher gar nicht wahrgenommen, sondern als Verfügungsmasse des Menschen angesehen.

4 Leben und Arbeit

Die räumlich-zeitliche Darstellung des Alltags der Menschen ist ein sehr komplexes Themengebiet. Es ist nicht einfach, sich hier einen raschen Überblick zu verschaffen, weil zahlreiche Aspekte zu berücksichtigen sind, die eine Rolle spielen. Einerseits geht es um die materiellen und geistigen Hinterlassenschaften, die uns als Relikte der Alltagskultur begegnen: Häuser, Straßen, Kanäle oder Fabriken, Stadtbilder und Bauernhöfe als Beispiele für materielle Zeugnisse sowie literarische Aufzeichnungen oder fotografische und zeichnerische Darstellungen als ästhetisch-künstlerisches Erbe. Andererseits müssen diese regionalen Zeugen der Vergangenheit in überregionalen Zusammenhängen gesehen werden, damit sie aus ihrer Zeit heraus und in ihrer Bedeutung verstanden werden.

Die folgende kleine Wirtschafts- und Sozialgeschichte ist daher eine spannende Angelegenheit. Das Hauptgewicht wird auf die Neuzeit und ihre materielle Kultur gelegt; sie wird, wo es sich anbietet und zum Verständnis notwendig ist, um weitere Facetten ergänzt. Die einzelnen Unterpunkte stehen stellvertretend für das weite Feld der Alltagskultur, das natürlich nicht annähernd komplett vorgestellt werden kann.

Bauernhäuser und ihre Bewohner

Im bäuerlichen Kolonisationsgebiet des Bayerischen Waldes nehmen die ländlichen Wohnstätten eine besondere Stellung ein: Sie bilden das Grundgerüst einer Besiedlung, die auf landwirtschaftliche Selbstversorgung ausgelegt war. Erst mit deutlicher Verzögerung kamen ländliche Mittelpunktsiedlungen und ganz spät Städte hinzu.

Als traditionelle Bauernhausformen bezeichnet man die zu regionalen Gruppen zusammengefassten vorindustriellen Haus- und Hofformen. Die gesamtdeutsche Perspektive lässt die Besonderheiten erahnen: In Norddeutschland (vom Münsterland bis nach Vorpommern) dominieren die Hallenhäuser, in einem Streifen vom Saarland bis nach Brandenburg die verschiedenen mitteldeutschen Gehöftformen und in Süddeutschland die sehr zahlreichen und kleinräumig verbreiteten Bauernhaustypen. Eine Antwort auf die Frage ihres Ursprungs gibt die rein beschreibende Übersicht natürlich nicht; diese kann höchstens in Einzelfällen gegeben werden.

Es sind zwei Bauernhaustypen, die in unserem Fall zur Debatte stehen: der Ostbayerische Vierseithof (nur im donaunahen südöstlichen Wald) und das Waldlerhaus. Letzteres ist flächenmäßig am bedeutendsten. Sein Name bereitet (in der Wissenschaft) allerdings Probleme, weil er mit dem Zusatz ‚Waldler' ein Etikett enthält, das nur eine regionale, aber keine inhaltliche Aussage trifft. In diesem Sinn sind andere Bezeichnungen (Oberpfälzer Putzbau, Bayerisch-schwäbischer Mittertennbau, Niederrheinisches Ankerbalkenhaus, Niederdeutsches Hallenhaus u. a.) wesentlich aussagekräftiger. Viele Kritiker gehen aber noch weiter und bemängeln den Zusatz ‚Waldler' als überholte stammesgeschichtliche Zuordnung, die bei den meisten anderen Haustypen längst geändert wurde: Aus dem Fränkischen Gehöft wurde z. B. das Mitteldeutsche. Der Name Waldlerhaus ist also aus volkskundlich-ethnologischer Sicht unzureichend bis irreführend; es wäre wünschenswert, diesen Begriff durch eine neue Bezeichnung mit baulichen und regionalen Merkmalen (wie beim Ostbayerischen Vierseithof) zu ersetzen.

Es gibt nachvollziehbare Gründe, warum bis heute dieses begriffliche Problem noch nicht gelöst wurde: Die Hausformen und Bauweisen im Bayerischen Wald sind so vielfältig, dass ein knapper und zugleich präziser Name kaum gefunden werden kann. Daher wird im Folgenden die Bezeichnung Waldlerhaus beibehalten und als Arbeitsbegriff gewählt, hinter dem eine Fülle an unterschiedlichen Details in Form, Konstruktion und Bauweise versteckt sein kann.

Die große Vielfalt an Bauernhausformen und -typen ist ein Spiegelbild der sukzessiven Erschließung und der gesellschaftlichen Differenzierung. Für die Mitte des 19. Jh. gilt eine grobe Gliederung der ländlichen Gesellschaft in drei Gruppen.

Die Gruppe der VOLL- ODER GROSSBAUERN besitzt einen Ganzen, Halben oder Viertelhof. Das große bäuerliche Anwesen ist vielfach als Vierseithof errichtet, kann aber auch als Dreiseit- oder als ↗Hakenhof gebaut sein. Diese Hausform ist in den frühbesiedelten Gebirgslagen auf ertragreichen Böden oft anzutreffen; jenseits der Donau, im Dungau und im Rottal, ist sie weit verbreitet.

KLEINBAUERN bewohnen und bewirtschaften in der Regel so genannte Einhäuser. Hier befinden sich die Stallungen, der Speicher und die Wohnräume unter einem Dach (Wohnstallhäuser). Zum Anwesen gehört ein erheblich kleinerer Grundbesitz, auch die Böden sind geringerwertig. In der steuerlichen Einschätzung des 19. Jhs. gelten sie als Achtel- oder Sechzehntelhof. Mitunter verfügen sie auch über kleine Nebengebäude.

Die zahlenmäßig größte Gruppe bildet die LÄNDLICHE UNTERSCHICHT. Als Häusler, Tagelöhner oder ländliche Handwerker (Weber, Maurer, Schuster) haben sie kaum Grundbesitz und leben in einstöckigen Einfirstgebäuden mit kleinem Wohn- und Wirtschaftsteil. Solch ein Anwesen war als Sechzehntel- oder Zweiunddreißigstelhof eingestuft.

Diese drei Gruppen dürfen jedoch nicht schematisch den unterschiedlich alten Siedlungsräumen zugeordnet werden. Sie sind als Folge der gesellschaftlichen Entwicklung nebeneinander anzutreffen – in den am längsten besiedelten Räumen mit den besten Böden in einem Mix aller drei Gruppen, in den jünger besiedelten Räumen mit tendenziell steigenden Anteilen der Kleinbauern und der ländlichen Unterschicht. Die Dynamik der letzten 200 Jahre (seit der so genannten Bauernbefreiung) sorgte längst dafür, dass die frühere Sozialstruktur irrelevant geworden und kaum noch zu erkennen ist. Die überkommenen landwirtschaftlichen Strukturen lösten sich auf, der Bevölkerungsdruck schuf sich in Ab- und Auswanderung ein Ventil. Seit etwa der Mitte des 20. Jhs. verschwinden Schritt für Schritt auch die ländlichen Dienstboten sowie weitere unterprivilegierte gesellschaftliche Gruppen (Inleute, Tagelöhner). Zum Verständnis der Arbeits-, Wohn- und Lebensverhältnisse im Wandel der Zeit müssen also Hausformen und gesellschaftliche Zustände miteinander kombiniert werden.

Der Petzihof (s. Abb. auf S. 97) aus Pötzerreut, einem Ortsteil von Röhrnbach im Landkreis Freyung-Grafenau, steht stellvertretend für das Anwesen eines Vollbauern. Es handelt sich um einen unregelmäßigen Vierseithof, dessen zweigeschossiges Wohnhaus aus dem Jahr 1704 stammt. Der gesamte Komplex zeigt den Bauzustand des Jahres 1927; der Hof wurde in Pötzerreut abgetragen und im Freilichtmuseum Finsterau wieder errichtet. Seit 1988 ist er dort zugänglich.

Das Wohngebäude zeigt den Wohlstand des Bauern. Ein durchgehender Querflur erschließt Erd- und Obergeschoss. Die Stube, die Rauch- und Kesselkuchl sowie die drei Kammern (Schlafzimmer, Vorrat, Kammer) bilden den Kernraum des Wohnens. Im Obergeschoss befinden sich eine Schöne Kammer, die zur Repräsentation diente, zwei Speicherräume (Kornkasten) und ein Abstellraum (Boden). Der ursprünglich reine Blockbau von 1704 wird 1867 im Erdgeschoss in Bruchstein- und Ziegelmauerwerk ausgeführt, von der Stube (6,0 x 6,4 m) abgesehen; im Obergeschoss bleibt die Blockbauweise weitgehend erhalten. Die Geschosshöhe beträgt rund 2,2 m.

Die zweistöckigen Wirtschaftsgebäude (Stall, Stadel) schließen das Hofgrundstück nach allen Seiten ab und bilden einen Hofplatz im Innern. Er ist durch ein großes Tor für Erntewagen und einen Personendurchgang erreichbar.

Vielfach treten vollbäuerliche Stellen auch als Dreiseithöfe in Erscheinung, z. B. mit dem Anwesen ‚beim Girgnbauer' in Einweging (Gem. Kollnburg, Lkr. Regen). Hier besteht das Haupthaus aus einem zweigeschossigen, langgestreckten Wohnstallhaus, in rechtem Winkel dazu stehen ein Stadel, sodann ein Backofen und ein ↗Inhaus. Der Hof wurde nach 1950 abgerissen – ein Schicksal, das er mit vielen anderen Bauernhäusern teilt; ohne fotografische Dokumentation wäre die Quellenlage zu diesem und anderen Höfen heute dürftig.

Viele weitere Beispiele können diese Reihe verlängern und jeweils individuelle Besonderheiten zeigen. So steht der Kapplhof aus Trautmannsried (Gem. Drachselsried, Lkr. Regen) mit Wohnhaus, Stadel, Stall und Austragshaus für den Typus eines auf Viehwirtschaft ausgerichteten Betriebs; seit 1980 befindet er sich ebenfalls im Freilichtmuseum Finsterau. Der Steinhof in Zell

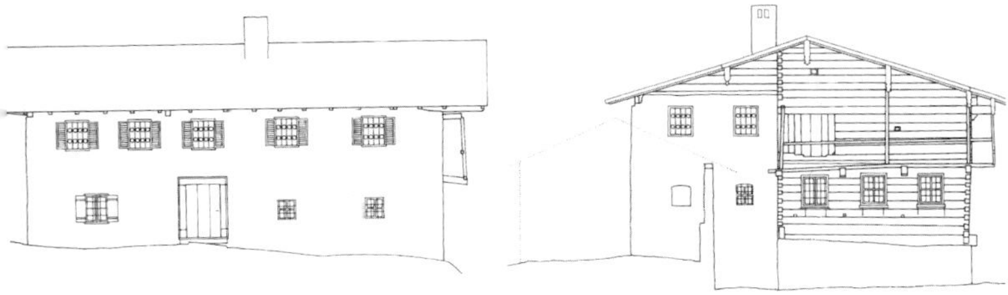

Trauf- und Giebelansicht des Petzihofs (Wohngebäude)

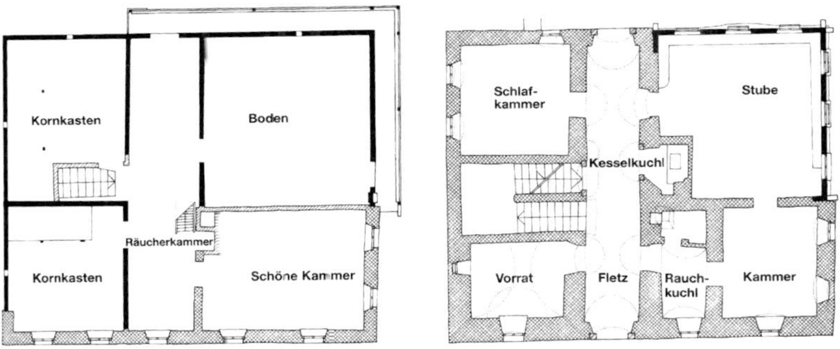

Obergeschoß. Erdgeschoß.

Grundriss des Petzihofs (Wohngebäude)

(bei Roding), ein umfassend an Ort und Stelle instandgesetzter und denkmalgeschützter Hof, besteht ebenfalls aus einem Wohnstallhaus sowie Stadel, Ochsenstall, Kasten, Schupfen und Hofraum. Der Stockerhof in Sitzenberg (Gem. Traitsching, Lkr. Cham), in den 1990er-Jahren saniert, umfasst seit 1840 das Wohnstallhaus, zwei Getreidekästen, Stadel, zwei Ställe, zwei Backöfen sowie ein Austragshaus. Wieder eine andere Variante zeigt der Kagerbauernhof in Kammersdorf (Gem. Stallwang, Lkr. Straubing-Bogen), der als ↗regelloser Haufenhof mit Wohnhaus, Stall, Stadel und Getreidekasten angeordnet ist.

Die Kategorie (vollbäuerliche Stelle) ist zwar in allen Fällen gleich, die wirtschaftliche Ausrichtung und die bauliche Ausführung weichen aber erheblich voneinander ab. Die Vielfalt des Waldlerhauses zeigt sich bereits bei der Untergruppe der großen und wirtschaftlich starken Höfe.

Die kleinbäuerlichen Einhäuser unterscheiden sich beim Wohnstallhaus nur graduell von den größeren Anwesen; erst mit den erheblich kleiner dimensionierten Nebengebäuden werden die Unterschiede deutlich. Der kurze Überblick enthält auch hier einerseits eine Fülle von Formen und andererseits eine Verbreitung über den gesamten Bayerischen Wald: In den höheren Lagen des hinteren Waldes handelt es sich zumeist um Gründungsanwesen, die ab dem 17. Jh. errichtet wurden, im älter besiedelten Raum um Stellen, die erst bei späteren Nachsiedlungen und Verdichtungen hinzukamen. Beispielsweise das Anwesen Hofstatt Nr. 1 befindet sich in Einödlage zwischen Degernbach und Schwarzach am Rand des Bayerischen Waldes (Lkr. Straubing-Bogen). In den Liquidationsprotokollen des 19. Jhs. wird es als ¼-Hartmannsgrubersölde bezeichnet, zu dem das Wohnstallhaus mit Stadel, Inhaus und Backofen gehört. Von 1822 bis 1931 bleibt es bei mehreren Erbgängen im Familienbesitz. Angesichts der oft prekären wirtschaftlichen Situation der Kleinbauern, die gerade unter konjunkturellen Krisen stark leiden, ist das bemerkenswert. Die Besitzer scheinen den Betrieb (mit 24 Tagwerk) gut geführt zu haben; sie können durch Zukauf sogar auf 30 Tagwerk vergrößern. Gleichwohl bleibt die landwirtschaftliche Basis schmal.

Die Hausplanung erweist sich als ausgesprochen praktisch: Traufseitig wird das Haus von einem Flur (Fletz) erschlossen; von der Stube aus ist der komplette Wohnbereich zugänglich. Ursprünglich ist die Treppe zum Obergeschoss mit Schlafkammer, Getreide- und Dachboden ebenfalls nur von hier aus erreichbar. Die strenge Funktionalität des kleinen Anwesens ist aber auch ein Zeichen dafür, dass bei knappen Mitteln alles gut durchdacht werden muss. Erst bei Umbaumaßnahmen (nach 1950) wird der Blockbau, von der Stube abgesehen, durch Mauerwerk ersetzt – im räumlichen Nebeneinander kommt das zeitliche Nacheinander zum Ausdruck.

Im Hinteren Wald sind kleinbäuerliche Stellen wegen der schlechten Böden und der klimatischen Benachteiligung weiter verbreitet. Die Hofstelle Nr. 3 ‚Beim Eben‘ in Annathal (Lkr. Freyung-Grafenau) gilt in der ersten Hälfte des 19. Jhs. als ⅛-Hof. Auch der 118 Tagwerk umfassende zugehörige Grund

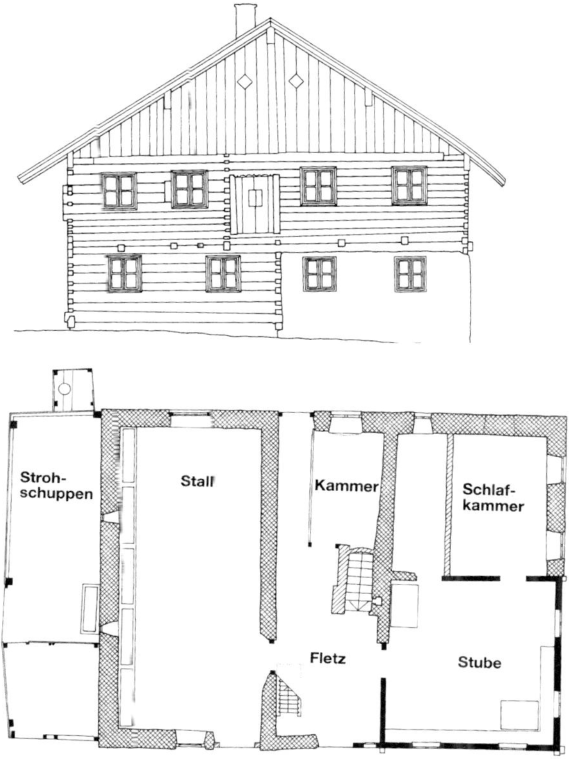

¼-Hartmannsgrubersölde: Wohnhaus und Grundriss des Erdgeschosses

reicht hier nicht für eine einträgliche Landwirtschaft aus; 1993 wird der Hof abgebrochen. Das zuvor dokumentierte Wohnstallhaus erhält 1890 ein vollständig ausgemauertes Erdgeschoss, 1927 wird der Stadel, zuvor in der Verlängerung des Wohnhauses stehend, um 90° gedreht, so dass das äußere Bild eines ↗Hakenhofs entsteht.

Noch problematischer ist das Leben in Kammlage, so in Leopoldsreut (1109 m), das 1963 als totale Ortswüstung verlassen wird. Das Anwesen Nr. 10 (s. Abb. auf S. 84) gilt mit seinen 34 Tagwerk ebenfalls als ⅛ Hof, zu dem sogar ein Inhaus gehört. Die Aufnahme von 1928 (s. Abb. S. 101) zeigt es mit einem gemauerten Untergeschoss und einem niedrigen Obergeschoss in Blockbauweise, das verbrettert ist. Die Giebelseite zeigt zur Straße, vor dem Haus befindet sich ein Brunnen, der an die 1912 errichtete Wasserleitung angeschlossen ist – bei den langen und harten Wintern eine fraglos wenig komfortable Lage. Nach hinten schließt ein kleiner Wirtschaftsteil das ärmliche Anwesen ab. Unweit hiervon befindet sich auf einem so genannten Raumreuter, einer Zurodung, der $\frac{1}{8}$-Hof Haberau Nr. 18, erbaut 1831, abgebrochen ca. 1955. Mit 37 Tagwerk war er von Anfang an (zu) gering ausgestattet. Das Gebäude ist den bereits beschriebenen ähnlich. Der Zugang erfolgt auch hier von der Stirnseite, so dass ein Längsflur den Wohnteil erschließt.

Winter in Leopoldsreut (1109 m)

In einer Publikation von 1937 schildert Hans Fehn, später Ordinarius für Geographie in München, die rauen Witterungsverhältnisse im Hinteren Wald, indem er einen Forstmeister zu Wort kommen lässt: „Die Höhen des hinteren Bayerischen Waldes deckt oft schon Ende Oktober der Schnee. Es weht und stürmt und rieselt durch Tage und Nächte. An den Hängen und Tälern kleben schwere Nebel, ein diffuses Licht täuscht über die Tagesstunden und ihren Ablauf, kein Laut weit und breit als das Heulen des Windes in den Baumkronen. Von Woche zu Woche türmt sich der Schnee höher und höher um die hochgelegenen Dörfer und nur zu den allerdringendsten Geschäften wagen sich die Menschen aus ihren Häusern hervor. Eine Schlittenspur auf den Ortverbindungswegen, sonst nur Schispuren und gewundene Trampelpfade ziehen durch die Landschaft, werden von jedem neuen Schneefall verwischt und immer wieder gebahnt. Darüber eine Totenstille, ohne einen rauschenden Bach, ohne Vogelzirpen. Nur wenn schwerer, nasser Schnee auf den Baumkronen lastet, hallt rings der Wald von den Schüssen zusammenbrechender Stämme – sonst stiebt leise der Pulverschnee von den Ästen. Die Tieflagen Böhmens und Bayerns zu beiden Seiten des Kammes saugen abwechselnd den Wind nach Osten und nach Westen: dann wachelt es so, daß in Minuten jede Spur versinkt, jeder Verkehr erstirbt; die Häuser, die im Windstrich liegen, wissen sich nicht mehr zu erwärmen" (Fehn 1937, S. 16–17).

Leopoldsreut Nr. 10. – Aufnahme aus dem Jahr 1928

Das ⅛-Trimplgütl (Aschau Nr. 3, Gem. Rettenbach, Lkr. Cham) bildet den Abschluss der vergleichenden Betrachtung. Es handelt sich um eine Stelle, die noch im 18. Jh. als ¼ Hof eingestuft ist, durch Teilung jedoch zu Beginn des 19. Jhs. auf die Hälfte herabgestuft wird. Wohnhaus, Stadel, Scheune und Backofen mit 51 Tagwerk Grund bilden den Bestand, der von 1880 bis ca. 1980 ohne bauliche Veränderungen überdauerte. Das zweistöckige Wohnstallhaus ist vollständig in Ziegelbauweise errichtet. Es wurde Mitte der 1990er-Jahre unter denkmalschützerischen Gesichtspunkten saniert und restauriert. Der Wohnteil ist bei traufseitigem Eingang durch einen Querflur zugänglich. Der nach hinten anschließende Stallteil hat eine gewölbte Decke, die von vier Säulen getragen wird.

Zusammenfassend bilden auch die kleinbäuerlichen Einhäuser eine vielfältige Gruppe, die jedoch im Vergleich zu den vollbäuerlichen Häusern weniger differenziert ausfällt. Es ist im Wesentlichen die innere Aufteilung der unterschiedlich großen Wohnstallhäuser, die den Unterschied ausmacht, weniger die äußere Gestalt.

Das gilt auch für die von der ländlichen Unterschicht bewohnten Anwesen. Es handelt sich hierbei um Siedlungsstellen, die wegen ihrer geringen Grundausstattung deutlich unter den kleinbäuerlichen liegen und in den Liquidationsprotokollen der 1820er- und 1830er-Jahre als $^1/_{16}$- oder $^1/_{32}$-Hof eingestuft sind. Sie sind – als Zeichen einer differenzierten Sozialstruktur – ebenfalls im ganzen Bayerischen Wald verbreitet. Im Dungau oder im Tertiären Hügelland (westlich des Dungaus) findet man sie ebenso wie in den höchsten Lagen des Gebirges; in einem Profil von Plattling über Freyung zur Kammlinie stößt man z. B. im Landkreis Deggendorf in Langenisarhofen (Haus Nr. 68: Tagwerkerhäusl ohne eigenen Grund) oder Stephansposching (Michaelsbuch Nr. 4: Leerhäusl mit 3 Tagwerk Grund) auf sie, in den zahlreichen -ing-Orten des donaunahen Bayerischen Waldes ebenso wie im spätmittelalterlichen Rodungsgebiet der Freyung und im Hinteren Wald: Der $^1/_{16}$-Hof Klingseisengut in Lohberg, Brennesstraße 5 (südöstlich von Lam, Lkr. Cham) bildet einen ganz besonderen Fall. Der Lamer Winkel wird im 13. Jh. vom Kloster Rott am Inn (Lkr. Rosenheim) erschlossen. Im so genannten Oberaigen werden Glashütten angelegt, die mit großen Waldflächen ausgestattet sind. Hieraus entwickeln sich zwei Höfe, deren einer nach dem Niedergang der Hütte auf sechs Stellen zersplittert wird. 1903 erwirbt ein Schusterehepaar das Anwesen (Wohnhaus mit Stall, Stadel und Inhaus unter einem Dach) und richtet sich dort ein. Der zum Haus gehörige Grund von 0,7 ha wird durch Zukauf auf 1,6 ha erhöht. Lebensgrundlage bildet aber das Schusterhandwerk. Der Grundriss auf S. 103 zeigt die gewerbliche Nutzung deutlich, lässt aber auch erkennen, wie der frühere Zuschnitt gewesen sein mag.

An den gleichen Entwicklungsstrang schließt das eingeschossige Wohnstallhaus von Altschönau (Nr. 74, Gem. Schönanger, Lkr. Freyung-Grafenau) an. Auf dem Grund eines Glashüttenguts entstehen als Streusiedlung so genannte Kleinhäusl mit geringer Grundausstattung (hier 10 Tagwerk); ein gewerblicher Zuverdienst (bei einer Glashütte, in einem Sägewerk, in den Forsten) ist stets nötig, um die Existenz zu sichern.

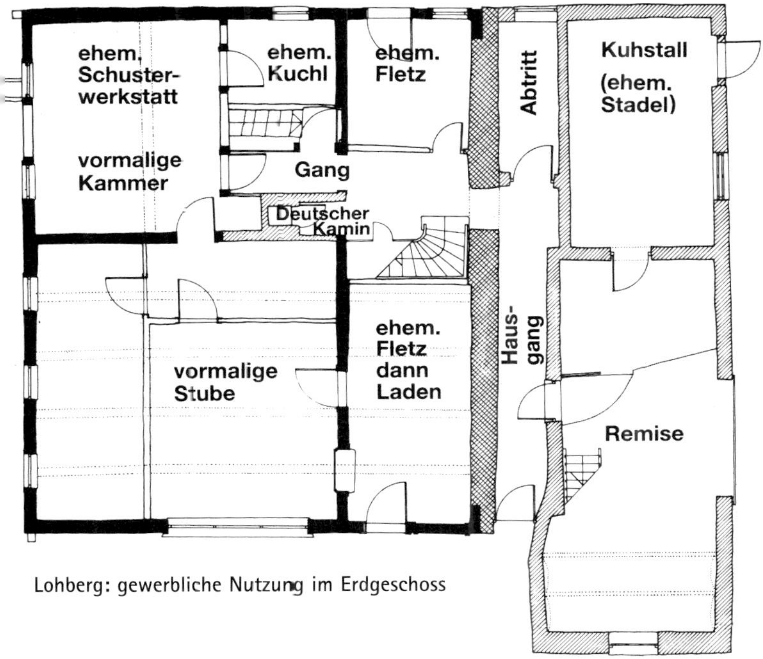

Lohberg: gewerbliche Nutzung im Erdgeschoss

Hölle oder Paradies?

In der Beurteilung der Wohnlagen und Lebensverhältnisse im Hinteren Wald gehen die Meinungen weit auseinander – nicht nur zwischen Bewohnern und Fremden. Der Dechant von Schönau schreibt 1798 in einem Brief über die Rodungsinsel Altschönau unweit des Lusen: „Die Ortslage ist in der Tat fürchterlich, denn es zeigen sich da nur Berge wie Ungeheuer, fürchterliche Abgründe, Steinklippen und Waldungen ohne Ende, ein kleines Sibirien." Dem entgegnet der Empfänger des Briefes: „Da kann ich ihnen nicht recht geben, mir sind die Berge, die Steinklippen, die Waldungen ohne Ende, das klein Sibirien mit dem tiefen herrlichen Schnee, wie wir es ja überall im Böhmerwald finden, der liebste Platz auf der weiten Erde" (zit. n. GEBHARD, BAUMGARTNER 1995, S. 149).

Das Anwesen Nr. 8 ½ ‚Beim Hauserfranzl' in Oberfrauenwald befindet sich in fast 900 m Höhe im Hauzenberger Granitmassiv. Bereits die so genannte Ausbruchsnummer lässt erwarten, dass es sich im spät besiedelten Kolonisationsraum um ein noch später angelegtes kleines Haus handelt; das eingeschossige Wohnstallhaus mit dem typischen Krüppelwalmdach beim Wohnteil bestand nur knapp 100 Jahre (1834–1932). Eine bescheidene Tenne und ein noch kleinerer Stall geben einen klaren Hinweis auf die Armut der Bewohner. Die zugehörigen 14 Tagwerk reichen als alleinige Lebensbasis ohnehin nicht aus.

Aus dem bereits mehrfach genannten Leopoldsreut (Gem. Haidmühle, Lkr. Freyung-Grafenau) lassen sich weitere Beispiele ergänzen: Das Anwesen Nr. 2½, das ↗Inhaus zu Haus Nr. 2, verfügt lediglich über drei Tagwerk an Grund; ohne Zuverdienst als Tagelöhner oder Handwerker konnte man hier nicht leben. Auch Haus Nr. 14 (Schneiderhäusl) mit neun Tagwerk gehört in die gleiche Gruppe. Es wird erst zu Beginn des 19. Jhs. errichtet; 1954 wird die Häuslerstelle aufgegeben und abgerissen.

Über diese baulichen und sozialen Unterschiede hinweg gibt es, wie bereits zu bilanzieren ist, auch Gemeinsamkeiten, die mehr oder weniger durchgehend feststellbar sind und das verbindende Element bei allen Unterschieden hervorkehren.

Die Entwicklung der Hausformen ist seit dem 20. Jh. fotografisch gut dokumentiert. Auf der Suche nach dem ältesten Waldlerhaus stößt man auf das Anwesen Krailing Nr. 1 (bei Windorf, Lkr. Passau), das auf 1642 datiert werden konnte. Vieles hat sich seit dieser Zeit geändert: Beim Baumaterial steht die Blockbauweise am Beginn. Sie wird erst im 19. Jh. durch Ziegel- und Bruchsteinmauerwerk ersetzt, zunächst nur beim Wirtschafts-, später auch beim Wohnteil; die Übernahme dieser Neuerung erfolgt in Etappen – die schwarze Kuchl mit dem Kamin wird als erste im Steinbau errichtet, die Stube bleibt am längsten als Blockbau erhalten. Dieser Prozess erfasst die wohlhabenderen Gruppen als erste. Als Fundament haben v. a. die größeren Häuser eine Eichenschwelle, die auf einem Sockel aus Bruchsteinen liegt.

Leopoldsreut Nr. 14 um 1954: Das Häusleranwesen (Wohnstallhaus mit Krüppelwalmdach) ist giebelseitig erschlossen. Zum Schutz gegen die winterliche Witterung ist das Obergeschoss mit Schindeln verkleidet, der Eingang ist durch einen Vorbau geschützt.

Die in Holz ausgeführten Hausteile bestehen in der Regel aus 16 bis 18 cm starken, behauenen Balken, die entweder als Blockbau aufeinander gefügt oder als Ständerkonstruktionen (Ständerbohlen) errichtet sind. Bei der Verzahnung der Balken entwickelten sich verschiedene Techniken, die von den Zimmerleuten erlernt und über Generationen weitergegeben wurden.

Bei den Dachformen ist nach heutigem Kenntnisstand von älteren Flachdächern mit geringer Neigung (18–27^0) auszugehen; diese setzten sich von Tirol und Oberbayern aus nach Niederbayern durch. Steildächer (30–45^0) kommen erst später auf. Sie gelten als Schöpfung der Barockzeit und dringen von Oberösterreich aus in den Bayerischen Wald vor. Manche Bautechniken enden aber auch an der Landesgrenze: So setzt sich der oberösterreichische Vierkanthof (ein Vierseithof mit durchgehender Firstlinie) nicht im Bayerischen Wald fort; es ist wohl der Einfluss der regionalen Handwerkerverbände, der in diesem Fall die Übernahme einer anderen Technik verhindert.

Das als Pfettenkonstruktion errichtete Dach ist bei den flach geneigten Formen mit Legschindeln gedeckt; sie überlappen sich mehrfach und werden durch schräg zur Trauflinie verlegte Bretter gesichert, die mit Feldsteinen beschwert werden. Bei Steildächern ist die Verwendung von genagelten Scharschindeln unumgänglich. Wegen der schon im 19. Jh. hohen Versicherungsprämien bei Holzdächern breiten sich zunächst Blechdächer, dann Falzziegel aus. Strohbedeckte Häuser sind bereits früher verschwunden.

Einen Standardgrundriss des Waldlerhauses gibt es nicht. Zwar legt die Erschließung (quer oder längs) bestimmte Anordnungen nahe, auch lassen die strikten Vorgaben bei der neuzeitlichen Kolonisation im Hinteren Wald einen einheitlichen Grundriss erwarten, mehr als verwandte Grunddispositionen sind aber nicht feststellbar. Die äußeren Ähnlichkeiten der Wohnstallhäuser, die über die Sozialgruppen hinweggehen, finden im Inneren keine wirkliche Entsprechung.

Die soziale Differenzierung kommt im räumlichen Nebeneinander zum Ausdruck. Die spezifischen Abhängigkeitsverhältnisse zwischen den Gruppen finden sich in den verschiedenen Häusern wieder: Haus des Bauern, Austragshaus, Inhaus oder Leerhaus.

Natürlich war die Not auf den kleinen Stellen im Bayerischen Wald, vor allem aber in den klimatisch beschwerlichen Hochlagen groß. Die vielen Kinder waren zwar willkommene Hilfen bei der Arbeit, eine wirtschaftliche Perspektive gab es für sie aber nicht. Im Mittelalter entlud sich der Bevölkerungsdruck in den Siedlungswellen der ↗europäischen Ostbewegung, in der frühen Neuzeit in den Siedlerzügen nach Südosteuropa, in der zweiten Hälfte des 19. Jhs. ging die Auswanderung nach Übersee, nach Amerika.

Seit 1845 erreicht diese Auswanderungswelle auch die Bewohner des Bayerischen Waldes. Die Gründe für den Weggang sind vielfältig: Unfreiheit, schlechte wirtschaftliche Lage, Steuerlast, Kriminalität, aber auch Lust auf Veränderung. Gerade bei den unterbäuerlichen Schichten ist die Bereitschaft zur Auswanderung sehr groß – in Mauth, Finsterau und Umgebung sind 60 % der Auswanderer Häusler. Inwohner und Tage-

Die Spuren von über 200 Personen, die im 19. Jh. nach (Nord-) Amerika auswanderten, verfolgt Fegert (2001) und schildert sie facettenreich. Lediglich drei Persönlichkeiten seien herausgegriffen, die nur ein unvollkommenes Bild zeichnen können.

John Dillinger, der Nachfahre von Auswanderern aus Raimundsreut (bei Grafenau), versetzte als Bankräuber die USA in Angst und Schrecken. Auf ihn, der bereits mehrfach den staatlichen Organen entkommen konnte, war ein hohes Kopfgeld ausgesetzt. Er galt zu seiner Zeit als Staatsfeind Nr. 1, bis er 1934 von FBI-Agenten erschossen wurde.

Emerenz Meier, 1874 in Schiefweg (Stadt Waldkirchen) geboren, verstarb 1928 in Chicago. Sie ist eine bekannte Volksdichterin des Bayerischen Waldes, ihr Leben wurde bereits zweimal verfilmt. Von Chicago aus äußert sie sich in einem Brief vom 16.12.1920 über ihre Heimat: „Wie Du des Anblicks auf den Dreisessel [...] erwähnst, ist eine tiefe Sehnsucht in mein Herz gekommen. Wie gern möchte ich die alte Waldheimat noch einmal wiedersehen! Aber wie könnte ich je zurück! [...] Ich würde lauter tote Träume draußen finden und bittere Erinnerungen und ich könnte keine Heimat mehr in ihr sehen" (Fegert 2001, S. 403).
Emerenz Meier wird längst in der Region als Dichterin wahrgenommen. Ihre Werke sind publiziert, ihr Geburtshaus ist seit 2010 ein Museum. Am Donauufer in Passau, 500 m vor der Innmündung, ist eine Büste von ihr aufgestellt.

Louise Faschingbauer (1878–1967) wandert als achtjähriges Mädchen mit ihren Eltern aus und kommt 1888 nach St. Paul (Minnesota). In dem Gedicht „Heimweh" schildert sie voller Melancholie die erlebten Gegensätze von Alter und Neuer Welt. In der letzten Strophe werden sie vergleichend gegenüber gestellt:

„Schick mir einen Gruß herüber
Schönes Vaterland von dir,
Deine Wälder sind mir lieber
Als der Prunk der Städte hier" (Fegert 2001, S. 322).

Büste der Emerenz Meier am Donaukai in Passau, 2008 von der Biberger Künstlerin Christine Wagner gestaltet

löhner, unter denen die Not besonders groß ist, haben jedoch kaum eine Chance auf einen Neustart in Amerika, weil ihnen die finanziellen Mittel für die behördliche Genehmigung und die Überfahrt fehlen. Die 30 Jahre von 1865 bis 1895 gelten als Zeit, in der gerade die unterbäuerlichen Schichten aus Deutschland massenhaft auswandern: aus dem Nordwesten, dem Südwesten, aus Hessen, Mecklenburg, Thüringen, Sachsen und natürlich aus dem Bayerischen Wald. Die starke Bevölkerungszunahme speziell um Mauth und Finsterau (1861–1867: 26,8 %) ist als Pushfaktor zu sehen: Bereits 1855–1861 sind 85 Auswanderer von hier nach Amerika gegangen; sie schreiben zurück in die Heimat und ziehen damit weitere Häusler nach, die bisher noch unentschlossen sind.

Der Bogenschlag von den Bauernhäusern zu seinen Bewohnern ist kurz, weil die Häuser von den Menschen und für sie errichtet wurden. Von daher ist es klar, dass der technische und gesellschaftliche Wandel die Menschen und die Kulturlandschaft beeinflusst – und umgekehrt. Der Begriff Waldlerhaus, der den ganzen Abschnitt begleitete, ist folglich ein sehr weiter, ein schillernder Begriff. Er umfasst die sich mit der Zeit ändernden Spezifika der Baumaterialien, der Dachform, der äußeren baulichen Anlage, der Innenraumgestaltung und der Bewohner. All das muss in seinen Facetten und Differenzierungen mitgedacht werden, wenn ein derart komplexer Begriff – ein Konstrukt – Verwendung findet. Die Bezeichnung hat Stärken und Schwächen. Es ist die größte Schwäche, dass beim Zusatz ‚Waldler' andere Bedeutungsebenen mitschwingen: die überholte stammesgeschichtlich-ethnologische Zuordnung sowie ein Wortfeld, das auf die Schaffung regionaler Identität (s. Kap. 1) angelegt ist.

Handwerk und Gewerbe

Seit dem 15. Jh. breiten sich GLASHÜTTEN in den noch unerschlossenen Wäldern aus. Wichtigster Standortfaktor sind die Holzvorräte, die zur Feuerung der Glasöfen, aber auch für den Aschenbrand (Pottasche als Glasflussmittel: ca. 10%) benötigt werden. Der Familienname Aschenbrenner ist hierauf zurückzuführen und noch heute weit verbreitet. Die Waldglashütten haben einen enormen Holzverbrauch; nach der Erschöpfung der umliegenden Wälder verlagern sie ihren Standort, um wieder näher an ihrer Energiebasis zu sein; der häufige Ortsname Neuhütte (z. B. bei Kreuzberg, Bayerisch Eisenstein, Mauth oder Spiegelau) nimmt auf diesen Zusammenhang Bezug – nicht nur hier, sondern auch im Hunsrück oder im Weserbergland. Die kleinen Betriebe werden daher als Wanderglashütten bezeichnet.

Die Lage im Wald hat noch weitere Qualitäten: Hier steht das wichtige Quarz zur Verfügung, das etwa 75% der Glasschmelze ausmacht. Es kann aus dem verbreiteten Granit gewonnen werden, hochkonzentriert findet es sich in begehrten Quarzgängen wie dem Pfahl. Zusätzlich war das Wasser über Jahrhunderte die Energiequelle, um Quarzmühlen oder Schleifgeräte zu betreiben.

Infolge der Nutzungsdynamik, die nun in den Waldgebieten vom Lamer Winkel bis zum Dreisesselberg zunimmt, werden vielfach Karten angefertigt, auf denen die Glashütten mit ihren Besitzungen genau verzeichnet sind. So enthält eine Karte entlang der bayerisch-böhmischen Grenze vom Gericht Kötzting bis zum Hochstift Passau alle Glashüttenbesitzungen; das 68 x 76 cm große Blatt liegt im Hauptstaatsarchiv München (Pl 1086a).

Die Hütten stellen Produkte her, die auch im weiteren Umkreis abgesetzt werden können: Butzenscheiben, Trinkgeschirr oder Rosenkranzperlen. Weil die existenzielle Basis der Betriebe stets problematisch blieb und sie nur nebengewerblich und saisonal betrieben werden konnten, gehört in allen Fällen die landwirtschaftliche Selbstversorgung dazu. Nach dem Niedergang oder Weiterzug der Waldglashütte bleiben die kleinen landwirtschaftlichen Stellen auf den Rodungsinseln vielfach erhalten, wie z. B. im Fall von Lohberg im Lamer Winkel (s. o.) – auf bayerischer wie auf böhmischer Seite. Auch hier sprechen die Ortsnamen Bände: Alt- und Neureichenau, Alt- und Neuschönau oder Glashütte in Bayern und Filipshütten (Filipova Hut') oder Antýgl (d. h. *aan Tiegel* – eine (Schmelz-)Pfanne) in Böhmen.

Auf einzelne Glashüttenmeister und ihre Familien bezogen zeigt sich eine bewegte bis turbulente Geschichte dieses Gewerbes. Neben den zahlreichen ressourcenbedingten Standortverlagerungen müssen die Glashütten ihr Produktionsprofil ständig sich wandelnden Wünschen und Anforderungen anpassen. Parallelen zur Geschichte des Bergbaus sind unverkennbar.

Die Glasmanufaktur Poschinger in Frauenau wird heute in 15. Generation betrieben. Im Jahr 1568 beginnt mit einer Hütte in Zwieselau bei Frauenau die Produktion, die wegen des hohen Holzbedarfs ihren Standort immer wieder verlagert: Oberzwieselau, auf der Zell, Altposchinger Hütte, Glashäuser, Unterbreitenau, dann wieder Altposchinger Hütte, Neuhütte Oberfrauenau, Theresienthal und Glashütte in der Moosau. In der rund 450-jährigen Geschichte wechseln ebenfalls prosperierende Phasen mit solchen des Stillstands.

Der Glasmacherberuf geht in der Familie Eisch, ebenfalls in Frauenau, auch weit zurück (bis ins Jahr 1772). Doch erst 1946 gründet Valentin Eisch einen eigenen Betrieb, der heute in dritter Generation geführt wird. Hier legt man in einer Branche, die der weltweiten Konkurrenz unterliegt, besonderen Wert auf technische Innovationen, künstlerische Note und Design, um im globalisierten Wettbewerb bestehen zu können.

In und um Zwiesel häuften und häufen sich die Glasbetriebe. Seit 1421 ist das Gewerbe belegt, heute produzieren hier noch mehrere Hütten, eine davon auch als Schauglashütte. Hinzu kommen Kunstglasbläsereien, Glasgalerien, Kunstwerkstätten und Glasmalereien. Die häufigen Besitzerwechsel zeigen die Turbulenzen und Konzentrationsprozesse, die die Branche immer wieder erschüttern. Als 1877 der Eisenbahnbetrieb auf der Strecke Plattling–Zwiesel aufkam, schien sich die Lage des Glasgewerbes zu verbessern, doch die Erwartungen waren stets höher als die realen Chancen. Hoffnung und Ernüchterung folgten oft aufeinander. Das Glasmuseum in Theresienthal richtet den Blick hingegen zurück in diese wechselvolle Geschichte; die Glasfachschule (seit 1904), die sich als Berufsbildungszentrum für Glas versteht, ist auf die Zukunft ausgerichtet: Es geht ihr um die Sicherung der Arbeitsplätze durch hohe Qualität.

In Bodenmais, Arnbruck oder Lam sind es ebenfalls die natürlichen Ressourcen, die das Glasgewerbe in den letzten Jahrhunderten aufkommen ließen. Die heutigen Verkaufsstätten der großen Firmen sind hier als erlebnis- und konsumorientierte Einkaufswelten ganz im Zeitgeschmack errichtet (Glasdorf Weinfurtner in Arnbruck, Glasparadies Joska in Bodenmais), sie greifen das regionale Image des traditionellen Waldgewerbes auf und bieten ein Verkaufsangebot, das nicht nur auf regionale Produkte zurückgreift. Mit günstigen Angeboten (z. B. im Outlet) lockt man Tagesgäste und Urlauber an, die als kauffreudige Klientel willkommen sind.

Durch Wasserkraft getriebene MÜHLEN UND SÄGEN sind in der gewerblichen, vorindustriellen Zeit weitverbreitete Einrichtungen, die an den kleineren und größeren Fließgewässern zahlreich vorhanden sind. Über ↗Wasserräder, die je nach Durchfluss und Gefälle ober- oder unterschlächtig angeordnet sind, nutzen sie das lokale energetische Potenzial und finden sich im gesamten Waldgebirge. Der grenznahe Hintere Wald ist

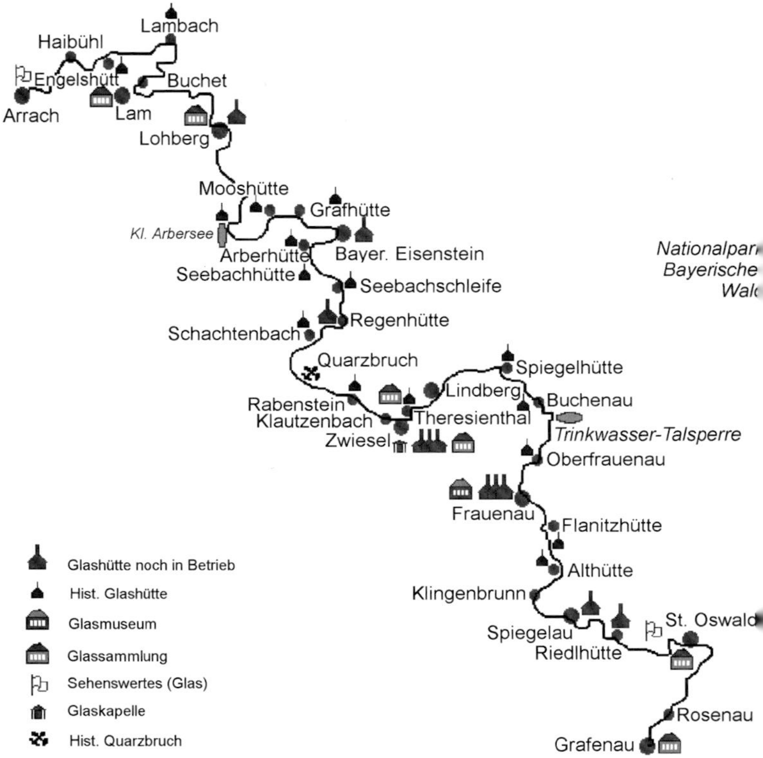

Der Gläserne Steig – Route der Glasherstellung zwischen Osser und Lusen

das Gebiet der historischen Sägemühlen. Das Sagwasser (d. h. Wasserlauf mit vielen Sägen) – ein Zufluss der Ilz, der südlich des Lusen entspringt – unterstreicht dies mit seinem Namen.

Bereits seit dem Spätmittelalter dringen mit den Siedlungen auch die Sägemühlen in den Wald vor, zumal die Wälder im donaunahen Gebiet durch Rodung stark zurückgedrängt sind. Mit wachsendem Abstand zur Donau wird jedoch der Transport immer schwieriger. Aus dem Hauzenberger Granitmassiv konnten die Bretterfuhren mit so genannten Zellerläden (sie wurden nach Obernzell gefahren und von dort nach Linz oder Wien als Brennholz verschifft) noch gerade über Land gebracht werden, aus dem Hinteren Wald war das zu aufwändig.

Im Jahre 1730 erprobt man erstmals auf der Ilz und ihren Zuflüssen die TRIFT, d. h. den Transport von Baumstämmen im Wasser. Die Vorbereitungsarbeiten sind enorm: Die Perlenzucht und die Fischerei könnten beeinträchtigt werden, das Kurfürstentum Bayern beargwöhnt als Ilzanlieger die aufkommende Konkurrenz durch Passauisches Brennholz, das nun verstärkt auf den Markt kommen kann. Bis zu einem geregelten Betrieb sind obendrein viele Baumaßnahmen zu erledigen, denn die erste Trift (1736) verzeichnet am Ziel in Passau noch einen Verlust von 40 %. Also werden einerseits im Laufe der Zeit zwei Triftsperren (Fürsteneck und Passau-Hals) zum Sammeln der Stämme errichtet, andererseits stehen im Hinteren Wald der Ausbau der Zuflüsse als ↗Triftkanäle (mit in Stein gefasster Uferbefestigung und ausgekleidetem Grund) sowie der Bau von ↗Klausen oder Schwellen an. Bei diesen handelt es sich um Speicherbecken, in denen Wasser angesammelt wird, das bei Bedarf mit einem Schwall (daher der Name Schwelle) für die Trift abgegeben werden kann.

Erst gegen Ende des 18. Jhs. können regelmäßig große Triften durchgeführt werden – mit gewaltigem Personalbedarf in den Wäldern beim passgenauen Einwurf der Stämme, entlang der Strecke und an der Entnahmestelle in Passau-Hals. Hieraus entwickelt sich im 19. Jh. ein schwungvoller Brennholzhandel mit Linz und Wien; der großflächige Holzeinschlag ist die andere Seite der Medaille.

Zwei Probleme bleiben jedoch ungelöst: Die Waldgebiete jenseits der Wasserscheide (um Philippsreut/Bischofsreut) können zum einen erst nach dem Bau des Kreutzbachkanals (1861) an das Ilzer Triftsystem angeschlossen werden. Zu dieser Zeit ist aber die Holzschwemmung zum anderen längst dem Eisenbahntransport unterlegen.

Außerhalb des Passauer Abteilands greift man die Idee der Schwemmkanäle nicht in dieser Form auf; die direkten, kleinen Zuflüsse zur Donau sind hierfür nicht geeignet. Die Schwemmung auf dem Regen bereitet dagegen kaum Probleme, weil der breite Fluss sich gut für die Flößerei eignet. Auch hier wird Brennholz (Blöcher, rd. 3 m lange Baumstämme) in steigendem Umfang (1879: 75.000, 1907: 190.000, 1916: 211.000

Die Reschbachklause bei Finsterau

Blöcher) transportiert, zunächst nach Regensburg, dann weiter donauabwärts nach Passau, Linz und Wien. Trotz der Konkurrenz durch den Schienentransport kann sich die Flößerei bis in die 1920er-Jahre halten.

Auf böhmischer Seite greift die Herrschaft Schwarzenberg auf das Konzept der Schwemmkanäle zurück und setzt es für die Bewohner der Holzhauersiedlungen rasch um. Bereits 1793 ist der Schwarzenbergische Schwemmkanal fertig, der zunächst parallel zur Moldau geführt wird und später (mit Tunnel und Schleusen) über die Große Mühl die Donau erreicht. Bestimmten Bäumen bleibt das Los als Brennholz erspart: Fichte, Tanne oder Bergahorn sind, wenn sie gleichmäßig und gerade gewachsen sind und wenig Äste aufweisen, als hochwertiges Klangholz für den Instrumentenbau hervorragend geeignet; hierauf war ein Sägewerk in Außergefild (Kvilda) spezialisiert.

Im donaunahen, getreidebaulich genutzten und seit dem Hochmittelalter besiedelten Land sind KORNMÜHLEN vielfach anzutreffen. Sie nutzen das Wasser zum Antrieb von Mahlgängen. Nahezu jedes Dorf hat eine Getreidemühle, weil auch kleine Gewässer bei ausreichendem Gefälle genügend Energie erzeugen können. Auffallend hoch ist die (ehemalige) Mühlendichte an Gewässern, die mit kurzem Lauf aus dem Wald zur

Donau fließen. So finden sich am Eckerbach, der in Obernzell in die Donau mündet, beim Weiler Eck die Eckmühle, Eckersäg und Eckerstampf; ähnliche Aufzählungen lassen sich zur Gaißa, zur Hengersberger Ohe, zur Kinsach (b. Straubing) oder zum Perlbach (b. Bach, Lkr. Regensburg) anfügen.

Wenn ausreichendes Gefälle und Holzreichtum zusammenkommen, kann das zur Ansiedlung von PAPIERMÜHLEN/-FABRIKEN führen. Paradebeispiele hierfür sind die Papierfabriken in Teisnach, Grafenau, Bayerisch Eisenstein und Regenstein (Lkr. Cham); aus gewerblichen Anfängen entwickeln sich industrielle Unternehmen, die heute global vernetzt sind und es im Wettbewerb der Standorte schwer haben.

Heute gibt es nur noch wenige Mühlen. Seit etwa 1970 unterliegen sie einem massiven Schrumpfungsprozess; große Getreidemühlen und industrielle Sägewerke verdrängten sie. Über 90 % des Bestands der ersten Hälfte des 20. Jhs. existiert nicht mehr. Die mit den Mühlen verbundenen Rechte der Wassernutzung sind heute für Kleinwasserkraftwerke wieder interessant. Viele Standorte sind zwar längst verfallen, manche Betriebe nutzen aber den alten Namen, um sich als Campingplatz, Gastwirtschaft, Restaurant oder Wellnesshotel in attraktiver Lage neu zu positionieren (z. B. Schrottenbaummühle im Ilztal bei Fürsteneck, Schnitzmühle bei Viechtach, Reutmühle bei Waldkirchen). Wenn man bäuerlich-gewerbliche Mühlen besichtigen möchte, muss man entweder lange suchen oder ins Museum gehen; im Museumsdorf in Tittling befindet sich (am ursprünglichen Standort) die Rothaumühle, gleich daneben zwei Sägen und eine weitere Getreidemühle.

Im Bereich der WALD- UND FORSTWIRTSCHAFT setzt sich der Kampf um die Ressourcen fort. Früher standen die Rechte am Wald im Vordergrund. Im Absolutismus wird der Wald zur Finanzquelle, mit der z. B. die teure Hofhaltung finanziert wird. Für die Landesherren, die kurzfristig denken, sind rasch wachsende Wälder höchst willkommen. Dass man bevorzugt auf Nadelhölzer (Fichte, Kiefer) zurückgreift, liegt auch daran, dass man auf degradierten Böden oft keine andere Wahl hat. Im Bayerischen Wald sind die Bedingungen vergleichsweise akzeptabel, weil noch große Restwälder im Grenzgebiet zu Böhmen bestehen. Doch bei steigenden Brennholzpreisen stehen auch diese zur Disposition. Im gleichen Zug wenden sich die Landesherren gegen die so genannten Nebennutzungen: Waldweide, Holzeinschlag, Sammelwirtschaft, Streugewinnung – all das beeinträchtigt den Aufwuchs und wird Schritt für Schritt eingedämmt. So richtet auch das Kloster Niederalteich in seinen Wäldern auf der Rusel zwischen Schaufling und Bodenmais ein Forstgut ein, das bis zur Säkularisation (1803) besteht.

Von Anfang an sind sich die Forstleute darin einig, dass das Prinzip der Nachhaltigkeit – es hat nämlich in der Forstwirtschaft seinen Ursprung – der Waldwirtschaft zu Grunde zu liegen habe. Auch die Nachteile von Monokulturen sind von Beginn an klar: Anfälligkeit für Schädlinge und große Gefahr des Windbruchs (bei flach wurzelnden Altersklassenbeständen). Doch vielfach gibt es zunächst keine Alternativen.

Es ist den frühen forstwirtschaftlichen Bestrebungen und Bemühungen des 18. und 19. Jhs. zu verdanken, dass von nun an wieder große und dichte Waldbestände nachwachsen. In den gewerblich besonders beanspruchten Bereichen, z. B. in den Gebieten der Wanderglashütten, dauerte es natürlich Jahrzehnte, bis die neu begründeten Wälder wieder emporgewach-

Sturmschäden nach dem Orkan Kyrill (2007) im Nadelwald unweit der Moldauquelle

Adalbert Stifter, der Dichter des Waldes

1805 in Oberplan (Horní Planá) in der Moldausenke im Böhmerwald als Sohn eines Webers und Flachshändlers geboren, verbrachte Adalbert Stifter nach seiner Schulzeit in Kremsmünster sein Leben in Wien und Linz, wo er 1868 starb. Er gilt als einer der bedeutendsten Dichter der Biedermeierzeit und wegen des starken Bezugs zum Böhmerwald, dessen Höhenzüge, Gewässer und Wälder er detailliert schildert, als Heimatschriftsteller.
1841 verfasste er das Opus „Der Hochwald", in dem er ausführlich die Landschaften Südböhmens, des Mühlviertels und des Bayerischen Waldes beschreibt. Dabei verlässt er über weite Passagen die Zeit seiner Erzählung, den Dreißigjährigen Krieg, und wendet sich ganz der Natur und dem seelischen Empfinden zu. In seinem Roman „Witiko" geht es (thematisch ergänzend) um das Geschlecht der Witigonen, deren einer Familienzweig in Krummau (Český Krumlov) in Südböhmen zu Hause war. Der Wald zieht sich wie ein roter Faden durch das Werk des Dichters; seine künstlerischen Leistungen, besonders die ausführlichen Naturschilderungen, verschafften ihm hohes Ansehen. Ein Obelisk, der ihm zu Ehren am Plöckensteinsee errichtet wurde, hält die Erinnerung an den Dichter des Waldes wach.
Andere Dichter des Böhmerwalds kamen und kommen aus Adalbert Stifters Schatten nicht heraus. Karel Klostermann (1848–1923) schrieb seine Romane und Erzählungen, die einen Einblick in die gesellschaftlichen und privaten Verhältnisse geben, in tschechischer Sprache. Viele seiner Werke, z. B. Erinnerungen an den Böhmerwald, wurden erst in den letzten Jahren wiederentdeckt, übersetzt und auf den Markt gebracht. Er erreichte – wie auch Maximilian Schmidt, genannt Waldschmidt (1832–1919) – nur ein begrenztes Publikum.

sen waren. In anderen Teilen Deutschlands, z. B. im industriell geschädigten Sauerland, im Bergischen Land oder im Siegerland, waren die Schäden erheblich schlimmer.

Im 19. Jh. ist auch die Öffentlichkeit am Thema Wald sehr interessiert. In vielen Märchen, die von den Brüdern Grimm gesammelt und herausgegeben wurden, spielt der tiefe, dunkle Wald eine zentrale Rolle: Hänsel und Gretel finden allein nicht

Adalbert Stifter. – Stahlstich von Karl Mahlknecht nach einem Gemälde von Daffinger

mehr hinaus. Auch aus der Novelle „Aus dem Leben eines Taugenichts“ von Joseph von Eichendorff ist er nicht wegzudenken. Das Konsumverhalten verschließt sich diesem Trend ebenfalls nicht: Möbel aus dem Holz heimischer Wälder werden in Deutschland seit dieser Zeit massiv nachgefragt, während man in England Tropenholz aus den Kolonien bevorzugt – falls man sich die teuren Mahagonimöbel im 19. Jh. leisten kann.

Als Gewerbe der armen Leute gelten SCHINDELSTECHEN UND WEBEN. Beide Zweige sind im Hinteren Wald zu Hause. Es handelt sich dabei um Hausgewerbe, die von den Bewohnern zur Linderung der größten Not betrieben wurden. Das Webereimuseum in Breitenberg (südlich des Dreisesselbergs) fasst unter dem Etikett ‚Willst leben, musst weben‘ die schwierigen Lebensverhältnisse zusammen und veranschaulicht sie anhand der Geräte (Webstuhl, Spinnrad). Weil Landwirtschaft in Höhenlagen über 800 m nicht rentabel betrieben werden kann und der den Bewohnern des Grenzgebiets nachgesagte Schmuggel auch nur einen begrenzten Zuerwerb bereitstellt, ist bis ins 20. Jh. das Überleben nur möglich, wenn man über mehrere Einkommensquellen verfügt.

Die Herstellung von Schindeln war eine andere Möglichkeit des zusätzlichen Erwerbs, wenngleich eine bescheidene. Auf den flach geneigten Dächern können Schindeln hohe Lasten tragen, sie sind langlebig (80–100 Jahre) und kostengünstig. Das Hauptproblem ist die leichte Entzündbarkeit; seit dem 19. Jh. sind die Versicherungsprämien für Schindeldächer daher so hoch, dass sie durch Blech- und Ziegeldächer verdrängt werden. Der Siedlungsname Schindelstatt (bei Jandelsbrunn) erinnert noch heute an dieses alte Gewerbe.

Aus dem ländlichen Handwerk und Gewerbe können im Rahmen *dieser Kleinen Geschichte* nur ausgewählte Sparten vorgestellt werden. In allen Fällen wird deutlich, dass im Gebirge mit zunehmender Höhe gewerbliche Nebeneinkommen immer wichtiger wurden, weil der Bodenertrag alleine die Existenz nicht sichern konnte. Doch auch die gewerbliche Basis ist schmal und unsicher, bei den Glashütten ebenso wie bei den Bergwerken. Konjunkturelle Schwankungen erreichen bereits in früheren Jahrhunderten den Bayerischen Wald und seine Bewohner. Der Aufschwung durch die kameralistische Wirtschaftspolitik des Absolutismus bleibt ebenfalls zeitlich begrenzt. Neue Ideen – wie die Trift im Regen- und Ilztal – sind zwar gut, kommen aber zu spät; die Eisenbahn revolutioniert das Transportwesen schon bald. Viele der alten (neben-)gewerblichen Tätigkeiten leben heute nur noch im Museum, z. B. in Tittling im Museumsdorf oder im Bernrieder Museumsstadel.

Städte und Märkte

Historisch und gegenwärtig bedeutende Städte finden sich entlang der Donauachse: Regensburg, Straubing, Deggendorf und Passau. Seit dem frühen Mittelalter gehen die Impulse von dieser Achse in den Wald hinein. Dies hat sich grundsätzlich zwar bis heute nicht geändert, doch die frühere Rückständigkeit gibt es im Zeitalter von Auto, Internet und zuvor ungekannter räumlicher, beruflicher oder sozialer Mobilität nicht mehr.

Historische Nischen: Birkenberge und Obstkulturen

In seiner Reise durch den Bayerischen Wald beschreibt Max Lidl 1865 zwei Sonderformen der landwirtschaftlichen Nutzung. Bei den BIRKENBERGEN handelt es sich um eine Form der Feld-Wald-Wechselwirtschaft, die heute nicht mehr verbreitet ist: „Unter diesen versteht man im bayerischen Walde Grundstücke, welche abwechslungsweise zur Produktion von Holz und Feldfrüchten benützt werden. Sie nehmen größtentheils die Abhänge der Gebirge ein, und sind vorzugsweise mit Birken besetzt, unter welchen auch bisweilen Fichten und andere Bäume vorkommen. Die Fläche, welche sie bedecken, dehnt sich [...] bei den Ortschaften Kötzting, Bodenmais, Konzell, Stallwang, Zwiesel, Kirchdorf, Klingenbrunn etc. aus [...]. Die bei der Bewirthschaftung der Birkenberge stattfindende Umtriebszeit ist eine sehr verschiedene, doch scheint es selten vorzukommen, daß sie weniger als 15 und mehr als 40 Jahre beträgt" (LIDL 1865, S. 101, 102).

In klimatisch begünstigten, geschützten Tallagen, z. B. im Bernrieder und Lallinger Winkel, breitet sich der OBSTANBAU aus und hat bis heute Bestand. „So soll z. B. zu der blühenden Obstbaumzucht im Bärenrieder Winkel Pfarrer Ledermann vom Jahre 1802 bis 1814 den Grund gelegt haben. [...] Kleine Obstbaumschulen werden hier und da unterhalten, z. B. Kloster Metten, Böbrach, bei Röhrenbach etc. [...] Aus diesem und anderen geht hervor, daß sich die Obstbaumzucht in diesem Landstriche bedeutend gehoben hat und die weniger empfindlichen Obstsorten haben sich beinahe überall hin verbreitet. Birn-, Aepfel- und Kirschbäume kommen noch in einer Höhe von 3000 Fuß [= ca. 870 m] vor" (LIDL 1865, S. 73, 75).

Der Bayerische Wald ist wie Altbayern allgemein in historischer Zeit ein städtearmes Gebiet. Nach mittelalterlichem Recht sind Städte mit Privilegien, z. B. Ummauerung, Gerichtsbarkeit, Münzrecht u. a., ausgestattet. Sie sind Zentren des Handels und des Verkehrs, sind sozial und beruflich deutlich differenziert, in unterschiedliche Viertel gegliedert und kompakt bebaut.

Da die historischen Fernhandelswege den großen Talzügen folgen, verwundert es nicht, dass sich eine dichte Städteachse im Donautal befindet. Die frühen urkundlichen Nennungen im

Umkreis von Regensburg – Wörth (787), Regenstauf (970), Tegernheim (901) oder Donaustauf (914) – unterstreichen mit nicht-städtischen Siedlungen die Umlandwirkung der Bischofs-, Herrschafts- und Handelsstadt.

Die Cham-Further Senke, die den nördlichen Abschluss des Bayerischen Waldes bildet, steht als West-Ost-Verbindung deutlich im Schatten der alten Handels- und Verkehrsströme. Die älteste Siedlung ist hier Cham, im Zentrum der Chamer Mark, eines Grenzbezirks, gelegen. Kolonisation und Ausbau der Machtbasis waren hier stets wichtiger als der Fernhandel. 748 entsteht Chammünster als Ableger des Regensburger Klosters Sankt Emmeram, 976 wird Cham bereits als *civitas* bezeichnet, nach 1210 wird es zur Stadt erhoben. Furth i. W. folgt ca. 1330. Zu Beginn des Hochmittelalters ist damit das Waldgebirge am West- und Nordrand von einem losen Band von Städten umgeben, das Innere bleibt aber frei von ihnen.

Vom 11. bis zum 13. Jh. werden dann die urkundlichen Nennungen von Siedlungen im Wald zahlreicher: Kötzting (1085), Viechtach (1104), Hauzenberg (1130), Windberg (1140), Regen (1148), Waldkirchen (1203), Eschlkam (1228), Zwiesel (1255), Lam (1279) oder Gotteszell (1286). Es handelt sich in all diesen Fällen um marktähnliche, nicht-privilegierte Siedlungen, die in ihrer Bedeutung und Einwohnerzahl klein bleiben.

Erste Stadt des Bayerischen Waldes wird Grafenau (1376). Sie liegt an einem der Äste des Goldenen Steigs, eines Fernhandelswegs, auf dem zwischen Salzburg und Böhmen Salz und Getreide gehandelt wurden. Die junge Stadt wird zum Mittelpunkt des ländlichen Umlands. Im 15. Jh. werden zwei Jahrmärkte und drei Ochsenmärkte abgehalten, während ab 1608 der Salzhandel auf die Routen durch das Passauer Abteiland verlegt wird.

Die elliptische Anlage wird von einer Mauer mit sechs Türmen umgeben, die bereits zu Beginn des 19. Jhs. verfallen sind. Der Straßenname „Graben“ deutet aber noch heute den Verlauf der Mauer an. Die durch die Mitte geführte Hauptstraße wird auf rund 150 m zu einem 45 m breiten Straßenmarkt erweitert, der heute teilweise mit Bäumen besetzt ist.

Dass Grafenau trotz seiner herausgehobenen Stellung als älteste Stadt des Bayerischen Waldes nicht zum Selbstläufer wird, liegt an den schwierigen Zeitumständen. Von den Hussiteneinfällen des 15. Jh. und vom Dreißigjährigen Krieg (1618–1648) bleibt die Stadt zwar verschont, doch die Pestzüge von 1634 und 1649 sowie verschiedene Stadtbrände (u. a. 1676) sorgen dafür, dass die Entwicklung immer wieder bei Null beginnen muss. Am Ende des Heiligen Römischen Reichs, zu Beginn des 19. Jhs., besteht die Stadt aus 93 Häusern und ist damit kleiner als zu Beginn des 16. Jhs.

Die Neuordnung der Landesverwaltung gibt der Stadt 1811 einen gewaltigen Impuls. Von der Burg Bärnstein übernimmt sie die Verwaltungsfunktion und erhält damit einen massiven Bedeutungszuwachs. Im Bereich des ehemaligen Gerichts Bärnstein wird sie erst jetzt zum wichtigsten zentralen Ort. 1862 werden das Bezirksamt sowie das Amtsgericht etabliert – nun geht es mit der Stadt (langsam) aufwärts. Sie baut ihre Position als behördliches, gewerbliches, soziales und kulturelles Zentrum Schritt für Schritt aus. Ihre zentralörtliche Bedeutung, die in der differenzierten Berufsstruktur mit Handwerkern, Gewerbetreibenden, Arbeitern, Angestellten, Beamten, Arzt, Apotheker, Lehrer und Pfarrer zum Ausdruck kommt, nimmt zu. Gleichwohl ist die Dynamik im produzierenden nicht-landwirtschaftlichen Sektor zu dieser Zeit noch gering; die Rohstoff- und Energieorientierung (Hammer- und Sägemühlen, Papier- und Holzwaren, Glasschleiferei) schlägt in der vorindustriellen Zeit weiter im gewohnten Takt.

Die Bedrohung der Städte und Märkte durch Hochwasser ist nicht der Regelfall. Gerade die alten Städte an der Donau befinden sich in hochwassersicherer Lage. Allein in Passau, der Dreiflüssestadt an Donau, Inn und Ilz, lebt man seit Jahrhunderten mit dem Hochwasser. Die Flut von 1501 galt bei der Gefahreneinschätzung stets als Maximalwert; 2013 wurde er beinahe erreicht. Wenn allgemein die Überflutungsschäden in der Gegenwart immer größer werden, dann liegt das neben dem Extremereignis einerseits (wie in Deggendorf 2013) an dem Vordringen der Bebauung in hochwassergefährdete Areale und andererseits an der starken Einengung des Flusslaufs durch

Straßenmarkt in Straubing mit dem gotischen Stadtturm, dem Wahrzeichen des Ortes

Ein regionaler Stadttypus: Die Inn-Salzach-Stadt

Von Innsbruck in Tirol über Ostbayern und das westliche Oberösterreich erstreckt sich das Verbreitungsgebiet der Inn-Salzach-Stadt über den Bayerischen Wald bis nach Südböhmen. Es handelt sich hierbei um einen Stadttypus, dessen Kennzeichen ein langer, handtuchförmiger Straßenmarkt und mehrgeschossige giebelständige Häuser (oft mit Blendgiebel) sind.

Mit dem Salzhandel breitet sich die Straßenmarktanlage – als Alternative zum quadratischen Marktplatz – entlang von Inn und Donau aus. In Passau weitet sich der Straßenmarkt trompetenförmig vom Heuwinkel bis zur Votivkirche, in Deggendorf oder Straubing ist er rechteckig und langgestreckt. Er bietet beste Möglichkeiten für den Handel, verliert als langgezogene und weniger breite Form nicht die gegenüberliegende Seite aus dem Blick und schafft so urbane Dichte. Die großen Straßenmärkte von Straubing oder Deggendorf sind durch das in der Mitte errichtete Rathaus unterteilt – und gewinnen hierdurch mehr an Atmosphäre als sie an Fläche verlieren.

Der Straßenmarkt, eine Planform des 13. Jhs., schlägt dabei den Bogen zu einer ländlichen Siedlungsform, zum Angerdorf: Beide wurden im Rahmen der ↗europäischen Ostbewegung entwickelt und in zahllosen Fällen umgesetzt. So nimmt es nicht Wunder, dass auch weitere Städte und Märkte im Bayerischen und im Böhmerwald diese Grundrissform aufweisen: Freyung, Waldkirchen, Regen oder Obernzell auf deutscher Seite, Winterberg (Vimperk), Prachatitz (Prachatice) und Bergreichenstein (Kašperské Hory) auf tschechischer.

Auch der hoch aufragende ↗Blendgiebel hat seine Funktion und Geschichte: Die anfänglich – mit Ausnahme der Kirche – ganz in Holzbauweise errichteten Siedlungen waren nach jedem Brand komplett zerstört. In einem ersten Schritt werden daher die Giebelseiten entlang des Straßenmarkts in Stein errichtet. Die Frontseite wird mit einer ↗Vorschussmauer als Blendgiebel gebaut, wobei die Mauer über die Firstlinie hinausgeht. Dies schafft einerseits die Möglichkeit einer leichteren Brandbekämpfung (mit Wassereimern von der Vorschussmauer aus) und grenzt andererseits jeden Flächenbrand auf eine Stadthälfte ein. Im nächsten Schritt werden auch die rückwärtige sowie die Seitenwände aus Stein errichtet. Zum Abschluss erweist es sich als

vorteilhaft, das ↗Satteldach in ein w-förmiges ↗Grabendach umzuwandeln, so dass durch die Verlagerung der Regenrinne von der Seitenwand weg die Gefahr der Durchnässung der Steinwände gemindert wird.
Es ist fast eine Selbstverständlichkeit, dass Blendgiebel auch dem Zeitgeschmack unterworfen sind: Neben gerade abschließenden Vorschussmauern gibt es auch barockisierte, die mit ihrer schwungvollen Eleganz einen anmutigen oberen Frontabschluss bilden.
Die Inn-Salzach-Stadt ist zwar ein Konstrukt, dieses ermöglicht aber eine prägnante Zusammenfassung der baulichen und konzeptionellen Besonderheiten. Dabei werden auch die Veränderungen in Raum und Zeit gesehen – ein Konstrukt also, das formale, funktionale und genetische Elemente enthält.

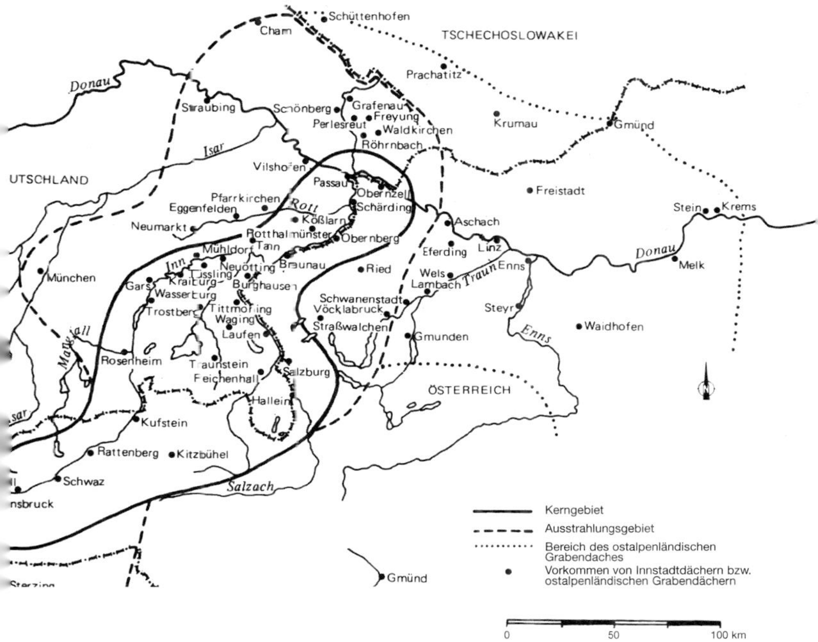

Verbreitung der Inn-Salzach-Stadt

Dämme und Deiche. Natürlich gibt es auch Orte, die wie Tegernheim (Lkr. Regensburg) so nah am Fluss liegen, dass sie vielfach von Hochwasser betroffen waren (1729, 1789, 1880, 1909, 1954).

Einen Sonderfall unter den Ortschaften des Bayerischen Waldes bilden die beiden gefreiten, d. h. mit speziellen Privilegien versehenen Bergstädte Bodenmais und Lam. Sie werden 1522 mit einem Freiheitsbrief privilegiert. Die Ernennung begünstigt und fördert die bergbauliche Entwicklung, unterstreicht auch die hohen Erwartungen, kann aber nicht über die spekulativen Absichten der Ernennung hinwegtäuschen. Nach nicht einmal 60 Jahren Bergstadt erlischt in Bodenmais das Privileg 1580 wieder.

Der (fast) städtefreie Raum wird mit Marktsiedlungen aufgefüllt. Es handelt sich hierbei um eine Form der Minderstädte, die lediglich zentralörtliche Teilfunktionen im Bereich des Waren- und Güteraustauschs ausfüllen, administrativ aber keine Sonderrechte genießen, wie es für Städte kennzeichnend war. Im städtearmen Altbayern nehmen die Marktsiedlungen jedoch als kleine Zentren eines bäuerlich geprägten Umlands fraglos einen besonderen Platz ein. Mit Kirche, Gasthäusern, Geschäften und Gewerbebetrieben, Ämtern und (später) Schulen kommt das Profil der Marktsiedlungen deutlich zum Ausdruck.

Ein knapper Überblick zeigt, wie sich die Marktsiedlungen im Laufe der Jahrhunderte über den Bayerischen Wald ausbreiten: Bogen (1220), Regen (1254), Kötzting (um 1260), Waldkirchen (1285), Viechtach (13. Jh.), Tittling (1322), Regenstauf (1326), Obernzell (1350), Roding (1364), Donaustauf (1494), Freyung (1523). Das Netz ist zu Beginn ausgesprochen grobmaschig, verdichtet sich aber im Laufe der Zeit.

Märkte bilden die Ansatzpunkte des Städtenetzes, das hier erst im 20. Jh. entsteht. Bei diesen späten Stadterhebungen entfallen die Sonderrechte, die das Stadtrecht des Mittelalters kennt. Die gemeindliche Selbstverwaltung, die in Bayern seit den Montgelas'schen Reformen des frühen 19. Jhs. eingeführt wird, umfasst alle kommunalen Verbände. Bereits die Weimarer Reichsverfassung spricht nur noch von Gemeinden, die Gemeindeordnung für den Freistaat Bayern vom 25. Januar 1952 ebenso. Den Stadttitel gibt es noch, er bezeichnet aber keine rechtliche Sonderstellung.

Nach anfänglich nur zögerlicher Vergabe (z. B. Zwiesel 1904, Regen 1932) nehmen die Stadterhebungen (der alte Begriff suggeriert noch die früheren Privilegien) nach 1950 schlagartig zu: Bogen (1952), Roding (1952), Kötzting (1953), Freyung (1953), Viechtach (1953), Nittenau (1953), Wörth (1954); noch später folgen Waldkirchen (1972) und Hauzenberg (1978). Zugleich rücken andere Orte, die sich dynamisch entwickeln oder alte Herrschaftsdörfer sind, nominell als Märkte nach, z. B. Eging, Teisnach, Rumannsfelden oder Mitterfels; Lam und Bodenmais, die ehemals gefreiten Bergstädte, werden auch erst 1961 bzw. 1958 Markt.

Andere Impulse gingen von den Klöstern aus. Die großen Anlagen in Windberg, Gotteszell oder St. Oswald, die alle zwischen dem 12. und 14. Jh. gegründet und 1803 im Zuge der Säkularisation aufgelöst wurden, prägen die zugehörigen Siedlungen bis heute. In St. Oswald z. B. sind es neben den Gebäuden des Klosters auch die Straßennamen, die die Ge-

Lokomotive der 1968 stillgelegten Walhallabahn (Stadtamhof–Tegernheim–Donaustauf–Bach–Kruckenberg–Wörth)

Klosterdörfer

In einer Untersuchung der ländlichen Siedlungen Niederbayerns aus dem Jahr 1935 geht der Autor Hans Fehn auch speziell auf die Klosterdörfer ein. Er bilanziert aus einer Perspektive, die inzwischen rund 90 Jahre zurückliegt: „Klostersiedlungen sind (mit wenigen Ausnahmen) die einzigen Dörfer, die zweitürmige Kirchen ihr eigen nennen; aber auch sonst zeichnet sich die Klosterkirche durch besondere Größe und Pracht aus. In den meisten Fällen sind es barocke Um- und Neubauten. Um den Kreuzgang lagern sich die wuchtigen Bauten, wie die Prälatur, das Refektorium, der Kapitelsaal, und die Zellen der Mönche. In weiterem Abstand folgen die Wirtschaftsgebäude: Der Meierhof, das Amtshaus, das Wirtshaus, die Klosterschmiede und Klostermühle und endlich die zahlreichen kleinen Häuschen der einstigen Klosterhörigen. Das Klosterdorf gleicht darin ganz dem Herrschaftsdorf. Den Klöstern verdanken wir auch die Erhaltung größerer zusammenhängender Waldungen, die für die Nutzholzgewinnung oder auch für die Jagd in der Nähe der Klöster bestehen blieben" (zit. n. HENKEL 1983, S. 45).

schichte lebendig werden lassen: Guntherstraße, Klosterallee, Benediktinergasse, Paulinerweg oder Augustinergasse. Windberg macht bereits von der Autobahn A 3 aus auf sich als Klosterdorf aufmerksam; die Klostergebäude werden u. a. von der Jugendbildungsstätte Windberg genutzt, das Kloster selber ist seit 1923 wieder besetzt. Der Ort erhielt nach mustergültiger Instandhaltung 2000 den Europäischen Dorferneuerungspreis.

Mit dem Eisenbahnbau beginnt 1874 eine neue Epoche. Die Waldbahn erschließt mit der Linie von Plattling über Deggendorf, Gotteszell und Zwiesel nach Bayerisch Eisenstein sowie den Stichbahnen nach Viechtach, Bodenmais und Grafenau den mittleren Bayerischen Wald. Diagonal durch die nördliche Hälfte des Bayerischen Walds wird zwischen 1895 und 1905 die Verbindung Straubing – Bogen – Konzell – Miltach – Cham gebaut. Die Hoffnungen, die man auf die gewerblichen Impulse setzte, erfüllen sich hier ebenso wenig wie entlang den Nebenstrecken, die z. B. in Cham abzweigen. In Zeiten der Kriegswirtschaft der beiden Weltkriege sowie der Autarkiepolitik der NS-Zeit werden die Strecken intensiv genutzt, danach nimmt ihre Bedeutung wieder ab.

Die Erschließung des südlichen Bayerischen Waldes erfolgt von Passau aus. Über Erlau führt eine Stichbahn nach Wegscheid, eine andere nach Hauzenberg. Die Linie Kalteneck – Waldkirchen (mit Abzweig nach Freyung) – Haidmühle (und

Straßen im Bayerischen Wald um 1860

In seinem Bericht über die Landwirtschaft im Bayerischen Wald trägt Max Lidl in der zweiten Hälfte des 19. Jhs. ganz im Stil der statistisch-topographischen Beschreibungen das Wissen seiner Zeit zusammen und ergänzt es durch eigene Beobachtungen. Das Kapitel über die Straßen fällt wenig günstig aus; hier sieht er besonders großen Handlungsbedarf. „Es wird kaum eine Provinz in Deutschland geben, in welcher die Straßen so unzweckmäßig wie im bayerischen Walde angelegt sind. Manchmal hat es das Ansehen, als hätte man sie beflißentlich über die höchsten Punkte geführt, um eine möglichst schöne Aussicht zu genießen. So führen z. B. die Straßen von Bodenmais nach Kötzting, von Tittling nach Schönberg, von Breitenberg nach Hauzenberg und andere unnöthiger Weise über nicht unbedeutende Berge. Manche Straßen sind so schmal, daß sich zwei Wägen entweder gar nicht oder nur mit höchster Noth ausweichen können, z. B. von Freyung nach Waldkirchen, von Grafenau nach Trautmannsdorf etc. Wieder andere ziehen mit unnöthiger Steigung eine Menge Krümmungen machend hin und her, wie dieses bei der Straße von Ruhmannsfelden über Linden nach Viechtach und anderen der Fall ist; gerade nach Linden geführt, hätte sie bedeutende Krümmungen abschneiden und vielen Höhen ausweichen können. [...] Die Staatsstraßen sind übrigens besser, und manche Strecken derselben sogar ganz vorzüglich, z. B. von Regen nach Eisenstein. [...] In neuester Zeit ist sehr viel für die Verbesserung derselben geschehen und manche sind ganz verlegt worden, z. B. einige Strecken zwischen Hengersberg und Deggendorf, zwischen Zwiesel und Eisenstein, zwischen Regen und Zwiesel. Bei Stallwang, dann zwischen Grafenau und Schönberg, zwischen Wegscheid und [Unter-]Griesbach sollen ebenfalls Straßenverlegungen, so wie die sehr nothwendigen Anschlüsse an die böhmischen Posten bei Breitenberg und Zwiesel in Aussicht stehen" (Lidl 1865, S. 134–135).

weiter nach Böhmen) wird seit einigen Jahren im Abschnitt Passau – Freyung saisonal im Personenverkehr wieder betrieben, ansonsten sind beide Strecken seit den 1960er-Jahren stillgelegt und teilweise abgebaut. Dies gilt auch für die Strecke Kalteneck – Eging – Deggendorf.

Die Bahn sorgt im Bayerischen Wald, dessen Straßen für Ferntransporte nicht ausgelegt waren, für eine kurzfristige wirtschaftliche Belebung, die generellen Nachteile der Randlage kann sie jedoch nicht überwinden. Es wird aber nun auch sehr deutlich, dass die Straßenverhältnisse, über die sich die Zeitgenossen wiederholt beklagen, nicht mehr den Ansprüchen genügen.

Auch die Industrialisierung erreicht den Bayerischen Wald verzögert. Nimmt man die Ausbreitung der Eisenbahn (1835: Nürnberg–Fürth) als Indikator, dann wird die Verspätung erkennbar. Die flächenhafte Ausbreitung der Industrie setzt ab 1870/71 ein, erfasst aber nur die sich ausbildenden Industriereviere sowie die größeren Städte. Die von Wasserkraft betriebenen Hämmer und Sägen der Waldgebirge bekommen von der wesentlich leistungsfähigeren Dampfmaschine Konkurrenz. Der Bergbau des Bayerischen Waldes steht ebenfalls auf der Liste der Verlierer; es kommt zu Standortschließungen und -verlagerungen, zu Konzentrationen an anderen Standorten außerhalb der Region. So bringt die Eisenbahn gleich zu Beginn einerseits das neue Zeitalter in den Wald, andererseits schwächt sie die alten Strukturen der Region.

Es sind punktuelle Ansätze, die die neue Zeit sichtbar machen. Die Teisnacher Papierfabrik belegt dies sehr schön. 1881 entsteht am Schwarzen Regen eine Papierfabrik, die das Potenzial des Gewässers doppelt nutzt: traditionell als Triftfluss, auf dem die Baumstämme geschwemmt werden, und modern als Energiequelle zum Antrieb der Generatoren, die den Strom für die Maschinen bereitstellen. 1890 kommt ein Gleisanschluss an die Bahnstrecke Gotteszell–Viechtach hinzu, so dass die Nachteile des zuvor entlegenen Standorts kompensiert werden. Um die Jahrhundertwende sind rund 300 Personen in der Papier- und Zellulosefabrik beschäftigt. Heute stellt der Betrieb bei rund 200 Mitarbeitern Spezialpapiere her, die z. B. in der Lebensmittelindustrie benötigt werden.

Papierfabrik Teisnach um 1900

Erst mit dem forcierten Ausbau der Straßen seit den 1950er-Jahren zieht sich die Bahn aus der Fläche zurück. Zunächst wird der Güterverkehr bedeutungslos, später auch der Personenverkehr. Nur mit besseren Zügen und getaktetem Fahrplan können verlorene Fahrgäste zurückgewonnen werden.

In der Bilanz springt die Rolle von Innovationen in den verschiedensten Gebieten und über die Jahrhunderte hinweg ins Auge: Städte entstehen im Bayerischen Wald nur ganz langsam und sehr verzögert im Vergleich zum Dungau und auch zur Cham-Further Senke. Das ist in einem Waldgebirge, das erst besiedelt werden muss, nicht erstaunlich. Die beiden (zeitweiligen) Bergstädte Lam und Bodenmais fallen dabei aus dem Rahmen. Den Normalfall bilden in vorindustrieller Zeit Marktsiedlungen, die als teilzentrale Orte ihr Umland versorgen. Es kommen einige Kloster- und Herrschaftsdörfer hinzu, die die funktionale und genetische Unterschiedlichkeit im Waldgebirge unterstreichen. Vielfach entwickeln sich aus den größeren Marktorten ab dem 20. Jh. Städte.

Als wichtigste Innovation des 19. Jhs. hält die Eisenbahn Einzug. Doch auch sie kommt spät, am Ende des Jahrhunderts, so dass nur Nebenbahnen mit abzweigenden Stichbahnen angelegt werden. Ihre Wirkung ist ambivalent: Einerseits bringt sie manchen Standorten neue Möglichkeiten, andererseits entzieht sie dem Raum Ressourcen und Menschen.

Mit der flächendeckenden allgemeinen Elektrifizierung, die im 20. Jh. auch die hintersten Einöden erreicht, werden die Karten abermals neu gemischt. Der Bayerische Wald wird auch von dieser Innovationswelle mit zeitlicher Verzögerung erfasst. Die Entwicklung geht zwar aufwärts, doch der Abstand zu den Innovationszentren bleibt.

Es fällt auf, dass die Bewohner des Bayerischen Waldes auf Innovationen, die von außerhalb kommen, aus den Zentren der Wirtschaft bzw. der territorialen oder politischen Macht, ebenso reagieren wie die Bewohner anderer Mittelgebirge: Die neuen Ideen werden aufgenommen und den regionalen oder lokalen Verhältnissen angepasst; die regionalen Stärken und Spezifika – heute sagen wir: das endogene Potenzial – werden aber von den Innovatoren oft weder gesehen noch gewürdigt. Es sind diese jahrhundertelangen Außeneinflüsse, die – beginnend mit der Übertragung von Kolonisationskonzepten – den Bayerischen Wald gleichzeitig entwickeln und marginalisieren. Aus der Unkenntnis der Außenperspektive werden die Bewohner – früher mehr als heute – zu Hinterwäldlern abgestempelt.

Im Zeichen des Kalten Krieges: Peripherie pur?

Am Ende des Zweiten Weltkriegs wird der Lagewert des Bayerischen Waldes völlig neu bestimmt. Mit der Demarkationslinie wandelt sich die deutsch-tschechische Grenze ab 1945 zu einer geschlossenen Grenze, die den Westen und Osten Europas gegensätzlichen politischen und militärischen Blöcken zuordnet. Die grenzüberschreitende, verbindende Funktion des Waldgebirges spielt bis 1990 keine Rolle mehr. An den Grenzübergängen bei Furth im Wald, Bayerisch Eisenstein und Philippsreut rollt nur wenig Verkehr. Von 1945 bis 1955 gehört zusätzlich das oberösterreichische Mühlviertel zur sowjetischen Zone Österreichs, so dass die Nord- und die Ostgrenze des Waldes eine hermetische Linie bilden. Der Wald verliert in dieser Zeit seine Transitfunktion nahezu vollständig: Alle Verkehrslinien werden zu Sackgassen, das Gebirge und seine Bewohner befinden sich in extremer Randlage.

Die Folgen sind von Anfang an gravierend. Ein großer Teil der aus der Tschechoslowakei vertriebenen deutschsprachigen Bevölkerung kommt zunächst in das Auffanglager Furth (1946–1957 über 700.000 Personen), bevor die weitere Verteilung über das Land erfolgen kann. Neutraubling im Donautal östlich von Regensburg ist ein Ort, der auf dem Gelände der ehemaligen Messerschmitt-Werke sowie eines KZ-Außenlagers von und für Vertriebene errichtet wird. 1951 sind 93 % der Einwohner Vertriebene.

Aber auch an den anderen Gemeinden geht der Zuzug der Flüchtlinge nicht vorbei. Im bis dahin ländlich-katholischen Niederbayern ändert sich vieles. Ab 1953 erhält der Bayerische Wald, der nun zum Zonenrandgebiet gehört, aus wirtschaftlichen und politischen Gründen eine Unterstützung über die regionalen Förderprogramme des Bundes und der Länder: zinsverbilligte Darlehen für produktivitätssteigernde Maßnahmen, Zinszuschüsse, Frachthilfen, steuerliche Erleichterungen sowie Mittel für den Ausbau der kulturellen und technischen Grundausstattung.

Der in der Raumordnung als historisches Notstandsgebiet bezeichnete Wald, der sich jetzt in völliger politischer und wirtschaftlicher Abseitslage befindet, bekommt auf diesem Weg die nötigen Hilfen, um sich bei der Umorientierung der Verkehrs- und Wirtschaftsbeziehungen neu zu positionieren und den Strom der Abwanderung durch den Aufbau neuer Erwerbsgrundlagen zu mindern. Nach dem Zuzug der Vertriebenen in den ersten Jahren orientieren sich diese vielfach neu und folgen dem Sog des Wirtschaftswunders und der hohen Löhne in die Verdichtungsräume im Westen und Südwesten. Im Zonenrandgebiet von Flensburg bis Passau beträgt der Bevölkerungsverlust (1950–1961) 4,6 %, während gleichzeitig im gesamten Bundesgebiet die Bevölkerung um 10,9 % zunimmt.

Die regionalen Förderprogramme bewirken tatsächlich eine verstärkte Ansiedlung von Industriebetrieben in ländlichen und zurückgebliebenen Gebieten. Die Steigerung des Bruttosozialprodukts (pro Person der Wirtschaftsbevölkerung) wächst im bayerischen Zonenrandgebiet von 1370 DM (1957–1961) auf 1820 DM (1961–1966), liegt aber stets unter dem gesamtbayerischen Wert (1957–1961: -10,4 %; 1961–1966: -20,5 %). Das alte Problem kommt wieder zum Vorschein: Der Bayerische Wald entwickelt sich wirtschaftlich zwar weiter (absolute Zunahme), doch die Schere zu den wirtschaftlichen Zentren öffnet sich (relative Schrumpfung). Dieses grundlegende Phänomen ist trotz aller auch gegenläufigen Entwicklungen in den folgenden Jahrzehnten immer wieder zu erkennen.

Die einzelnen Branchen entwickeln sich in dieser Zeit unterschiedlich. Das Glasgewerbe kann den alten Standort nur halten, wenn Marktnischen genutzt werden. Allgemein gehen die Beschäftigtenzahlen zurück, der Gesamtumsatz steigt nur mäßig. Die Firma Eisch in Frauenau kann z. B. mit einem künstlerisch anspruchsvollen Sortiment das Überleben des Betriebs vorerst sichern. Völlig anders ist die Lage bei den Granitsteinbrüchen. Diese traditionell geführten Unternehmen sind ebenso wie die Holzverarbeitung seit den 1970er-Jahren infolge von Rationalisierungswellen und Billigimporten vom Personalabbau betroffen (1960–1996: -40 %).

Mit zunehmender Motorisierung, allgemeiner Verfügbarkeit der Energie und anhaltendem Wirtschaftswunder entstehen zahlreiche neue Unternehmen zwischen Cham und Wegscheid, die keine branchenmäßige Schwerpunktbildung erkennen lassen. Unternehmerische Initiative und staatliche Subventionen schaffen ein dicht besetztes Netz industrieller Standorte und eine steigende Arbeitsplatzdichte. Bis 1960 verdoppelt sich die Zahl der Arbeitsplätze. Wer in der Region keine Arbeit findet – und das sind nicht wenige –, ist allerdings darauf angewiesen, als Wochenendpendler im prosperierenden Großraum München unterzukommen.

Großunternehmen verschiedener Branchen errichten seit Beginn der 1960er-Jahre Zweigwerke im Bayerischen Wald. Als Folge der Hochkonjunktur mit Arbeitskräftemangel in den Zentren der Wirtschaft weichen vor allem solche Unternehmen in die Randgebiete aus, die für die standardisierte Produktion billige, wenig geschulte Arbeitskräfte benötigen. In der Textilbranche ist es die Firma Triumph, die mit zahlreichen Produktionsstätten – oft in umgebauten ehemaligen ↗Zwergschulen – im Grenzgebiet vertreten ist. In der Elektrobranche verlagert die Firma Grundig bestimmte Fertigungsbereiche in den Wald. Bei Wegfall der Förderung oder innerbetrieblichen Veränderungen sind es jedoch gerade diese so genannten verlängerten Werkbänke, die schnell wieder geschlossen werden. Doch wie so oft gibt es auch hier Ausnahmen. Die Firma Elite Moden z. B. fertigt seit 1968 Textilien am Standort Kasberg (bei Wegscheid). Das heimische Unternehmen überlebt die Krise der Textilindustrie seit den 1970er-Jahren, indem es unterschiedliche Nischen nutzt und auch Teile der eigenen Produktion in ein Niedriglohnland (Nordmazedonien) verlagert. Ebenso zeigt sich die Firma bei der Corona-Pandemie 2020 flexibel; sie nimmt umgehend die Herstellung von Schutz- und Gesichtsmasken auf, bevor weitere Unternehmen der Branche diesem Beispiel folgen.

Der Automobilbau ist seit der Übernahme der Firma Glas durch BMW (1967) in Niederbayern auf Expansionskurs. Mit über 20.000 Arbeitsplätzen allein in Dingolfing, seit 1986 auch in Regensburg, beeinflusst er die Entwicklung im Bayerischen Wald massiv: Den vielen Fernpendlern in den Raum München bieten sich damit wohnortnähere Ziele, so dass tägliche Pendelbewegungen möglich sind. Werkseigene Buslinien, aber auch private Fahrgemeinschaften lassen bessere Arbeitsperspektiven aufkommen.

Der große Sektor der Zulieferbetriebe, die vielfach zwischen Regensburg und Passau nahe der Autobahn ansässig sind (z. B. die Zahnradfabrik in Passau, deren Pendlereinzugsgebiet weit nach Oberösterreich hineingeht), entwickelt sich zum Teil aus verlängerten Werkbänken. Als Beispiel sei die Firma Edscha in Hengersberg herausgegriffen: Die 1871 in Remscheid im Bergischen Land gegründete Firma verlagerte 1963, angelockt durch die Vergünstigungen der Zonenrandförderung, einen Teil der Produktion nach Hengersberg, Mitte der 1980er-Jahre auch nach Jahrdorf bei Hauzenberg. Ganz ähnlich verläuft die Entwicklung der Firma Parat, die als Produzent von Taschen, Koffern, Verdecken und Kunststoffteilen ebenfalls ein Zuliefe-

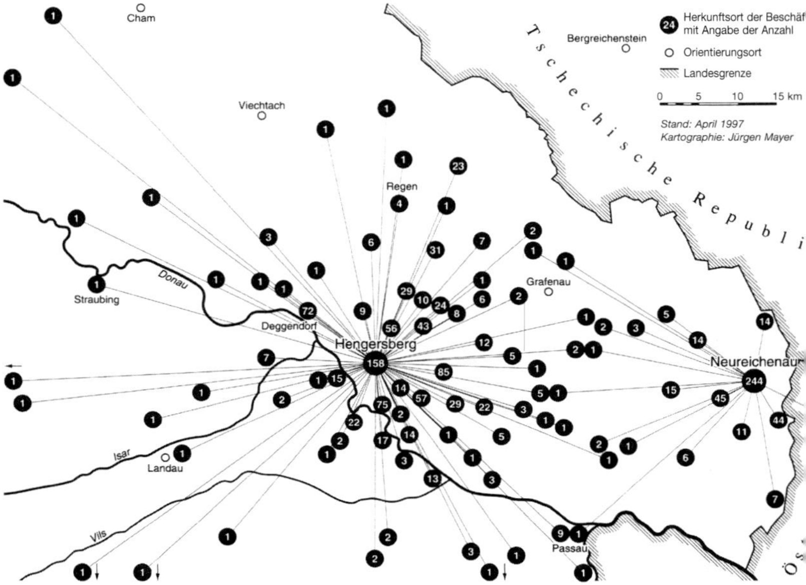

Hengersberg und Neureichenau als Standorte von Zulieferern der Automobilindustrie

rer für den Automobilbau ist. 1961 entsteht das Zweigwerk Neureichenau. Mitte der 1990er-Jahre stellen allein diese drei Standorte in Hengersberg, Jahrdorf und Neureichenau knapp 2000 Arbeitsplätze, die von zahlreichen Pendlern aus der Region besetzt werden.

Es kommen weitere Facetten hinzu, die dem Bayerischen Wald in dieser Zeit ein neues Gesicht geben: Strategisch und zugleich regionalpolitisch gewünscht ist auch die BUNDESWEHR im Bayerischen Wald mit zahlreichen Standorten vertreten, bevor im neuen Jahrtausend mehrere hiervon wieder aufgelöst wurden und werden. Neben Regensburg, Bogen und Passau seien z. B. Cham, Regen, Freyung, Viechtach oder Roding genannt. Der ehemalige Bundesgrenzschutz (jetzt Bundespolizei) unterhält in Deggendorf einen wichtigen Standort mit anfänglich 600 Angehörigen.

Als Kompensation für den Verlust der Landratsämter erhalten viele Städte Anfang der 1970er-Jahre Gymnasien: Grafenau und

Viechtach sind nur zwei Beispiele für den nun wachsenden BILDUNGSSEKTOR. Im Pflichtschulbereich führt die Abkehr von kleinen Einheiten (↗Zwergschulen) zur Konzentration auf weniger Standorte, die als Mittelpunktschulen so angelegt sind, dass sie ein vielfältiges und differenziertes Angebot bereithalten.

Auch der AGRARSEKTOR gerät in den Blick der Landes- und Regionalplanung. Die seit den 1950er-Jahren stark zunehmende Mechanisierung, Technisierung und Kapitalisierung, seit einigen Jahren auch Digitalisierung der Landwirtschaft führt zu neuen Herausforderungen. Die Felder müssen – ganz im Sinne der Zeit – maschinengerecht zugeschnitten sein. In zahlreichen Verfahren der Flurbereinigung werden die schma-

Fernwasserversorgung Bayerischer Wald

Bei den hohen Niederschlägen, die der Bayerische Wald zu verzeichnen hat, vermutet man leicht, dass Wasser im Überfluss zur Verfügung stehe. Bis in die 1960er-Jahre erfolgte die Wasserversorgung ganz traditionell aus Quellen in der Nähe der Siedlungen. Doch bei steigendem Wasserverbrauch und längeren Trockenperioden Ende der 1950er-, Anfang der 1960er- und Ende der 2010er-Jahre wird offenkundig, dass dieses Konzept bei weiter steigendem Bedarf den Anforderungen von Wirtschaft und Bevölkerung nicht genügen kann. Die vielleicht überraschende Knappheit des Wasserangebots ist auf Spezifika dieses Mittelgebirges zurückzuführen: Bei der dünnen Verwitterungsdecke, die das Grundgebirge überzieht, gibt es keine ausreichenden natürlichen Grundwasserspeicher. Die Hauptmenge des Niederschlags fließt relativ schnell ab und steht für die Wasserversorgung der Bevölkerung nicht zur Verfügung. Um Abhilfe zu schaffen, wird 1963 der Zweckverband Fernwasserversorgung Bayerischer Wald gegründet. Er umfasst das Gebiet von Cham bis Wegscheid und setzt sich die ausreichende Trinkwasserversorgung des ganzen Raums zum Ziel.

Die Fernwasserversorgung besteht aus drei Säulen: Ein Netz aus Wasserleitungen, Hochbehältern und Pumpen sorgt für die Verteilung, aus den Schottern des Donau- und Isartals wird Grundwasser entnommen und dem Leitungsnetz zugeführt und die Talsperre Frauenau (20,3 Mio. m^3 Speichervermögen) am Kleinen Regen hält Kapazitäten für den Spitzenbedarf vor.

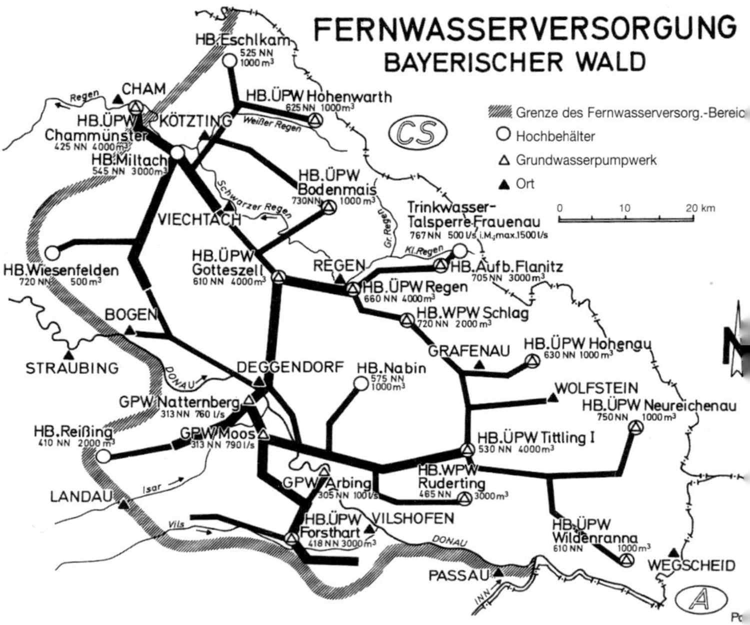

Die Fernwasserversorgung des Bayerischen Waldes

len Streifenfluren verbreitert und durch Blockfluren ersetzt. Der landwirtschaftliche Wegebau ist eine wichtige flankierende Maßnahme, um den effektiven Einsatz der großen Maschinen zu ermöglichen. Auch die alten Gebäude sind den neuen Anforderungen in der Regel nicht gewachsen; es entstehen Ställe und Scheunen in moderner Bauweise nach funktionalen Gesichtspunkten der Gegenwart; alte Gebäude verfallen oder werden in Einzelfällen in Freilichtmuseen wiederaufgebaut. Die Leistungsfähigkeit der Landwirtschaft wird hierdurch erhöht, zugleich aber konzentriert sich die Produktion auf landwirtschaftliche Gunstgebiete wie den Dungau. Es sind zunächst die Kleinbauern, die den Betrieb (meistens im Zug des Generationenwechsels) aufgeben. Die Dörfer sind von Jahrzehnt zu Jahrzehnt immer weniger bäuerlich-landwirtschaftlich geprägt.

Die Maßnahmen der Flurbereinigung reichen nun nicht mehr aus, um den landwirtschaftlichen Strukturwandel zu begleiten. Das neue, integrierte Konzept der Agrarordnung umfasst Flur, Wege, Gewässer, Privatwald, Siedlung und Bewohner. Dorferneuerung (ab ca. 1980: erhaltende Dorferneuerung) gilt als Leitbild für den ländlichen Raum. Nach dem sukzessiven Abzug von Schule, Polizei, Feuerwehr, Gemeindeverwaltung und Gasthaus erlischt in vielen Dörfern das soziale und kulturelle Leben, es setzt ein Prozess der Verödung ein. Oft sind es nur noch wenige Vereine, in denen das dörfliche Leben erhalten bleibt. Der Zuzug von jungen Familien könnte die Dörfer lebendig und dynamisch erhalten, gelingt aber aus verschiedenen Gründen nur in bestimmten Fällen.

Der TOURISMUSSEKTOR ist ein weiterer Bereich, der ab den 1960er-Jahren ausgebaut wird. Anfänglich wird das Konzept Ferien auf dem Bauernhof propagiert, um einerseits den landwirtschaftlichen Betrieben eine zusätzliche Erwerbsquelle zu bieten und andererseits jungen Familien eine preiswerte Urlaubsmöglichkeit zu verschaffen. Dieser Ansatz wird um andere Zielgruppen, z. B. in einem Bungalowdorf in Grafenau, ergänzt und zeigt das neue endogene Potenzial, das nun im Waldgebirge erkannt wird. Andere Gemeinden folgen ebenfalls diesen Perspektiven und bauen das Beherbergungswesen aus.

Führend bei den Übernachtungen ist Bodenmais, das sich zur Zeit der Schließung des letzten Bergwerks (1962) als Fremdenverkehrsort förmlich neu erfindet. Bereits 1961 bestehen 516 Beherbergungsbetriebe, davon 482 Privatquartiere. Schon rasch wird aber klar, dass die gewerbliche Hotellerie die Hauptmasse an Übernachtungen für sich gewinnen kann, in Bodenmais sind es rund 80 %. So setzen auch andere Gemeinden auf touristische Großprojekte (z. B. Regen, Freyung, St. Englmar, Altreichenau oder Spiegelau), die sich vielfach in herausgehobener Lage befinden. Insgesamt sind es 18 touristische Großanlagen, die als Hotelkomplex, Feriendorf oder Appartement-Hotel an Standorten errichtet werden, die in der Nähe der Freizeit- und Sportanlagen für die Sommer- und Wintersaison liegen. Inzwischen hat sich der saisonale Auslastungsschwerpunkt vom Sommer zum Winter verlagert.

Die großen Hotelkomplexe stehen aus optischen Gründen (vier bis acht Etagen, weithin sichtbar auf Erhebungen errich-

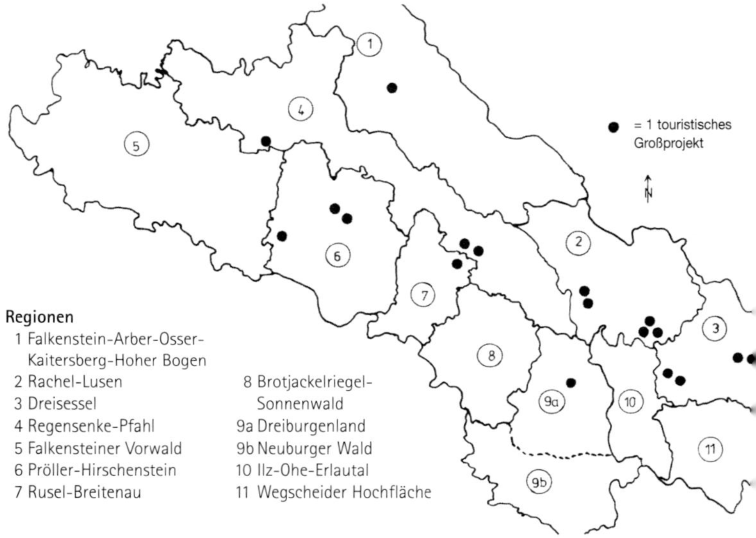

Touristische Großprojekte (1983) in den Regionen des Bayerischen Walds

tet) sowie wegen des starken regionsfremden Einflusses der Betreibergesellschaften und ihrer Häufung in wenigen Gebieten von Anfang an in der Diskussion. Sie schaffen aus heutiger Sicht ohne Frage regionalpolitische Impulse, müssen sich aber nach dem Wegfall der hermetischen West-Ost-Grenze neuen Herausforderungen stellen: Im benachbarten Böhmerwald entstehen in den 1990er-Jahren neue preisgünstige Unterkünfte, die einen Großteil der Klientel des Bayerischen Waldes abziehen. Mit neuer Profilbildung, u. a. als Wellness- oder Sporthotel, werden daher Nischen gesucht, um auch in Zukunft bestehen zu können.

Am Ende des Längsschnitts zum Thema Leben und Arbeit wird deutlich, dass große Wandlungen in allen Lebensbereichen kennzeichnend sind und dass sich die Lebensbedingungen aufgrund gravierender gesellschaftlicher und politischer Zäsuren massiv änderten: Die Befreiung der Bauern von der grundherrlichen Abhängigkeit bildet zu Beginn des 19. Jhs. einen ebenso tiefen Einschnitt wie die gleichzeitige Säkularisation. Ihnen folgen mit der Gewerbefreiheit oder dem Deutschen Zollverein (1834) sowie mit dem Beginn des Eisenbahnzeitalters weitere Veränderungen, die sich auf das Leben und die Arbeit im Bayerischen Wald auswirken.

Die Kriegsökonomie der beiden Weltkriege sowie die Autarkiepolitik der NS-Zeit bremsen und verzögern sodann die weitere Entwicklung, weil sie mit verdeckten Subventionen Zustände aufrechterhalten, die unter anderen Umständen nicht konkurrenzfähig wären. Daher trifft der neuerliche Einschnitt nach dem Zweiten Weltkrieg die Region und ihre Bewohner besonders hart. Einerseits sind die Herausforderungen bei der Aufnahme der Flüchtlinge enorm, andererseits kommt der zuvor unterdrückte Strukturwandel in Landwirtschaft, Gewerbe und Gesellschaft hinzu.

Mit dem Instrument der Zonenrandförderung schließlich entwickelt die junge Bundesrepublik ein Werkzeug, das aus dem Notstandsgebiet eine geschützte Zone macht. Die Industrialisierung setzt ein und erfasst die ganze Fläche, es entstehen im produzierenden Bereich viele verlängerte Werkbänke, die zwar niedrige Löhne zahlen, aber Arbeitsplätze in der Region schaffen und der aus der Landwirtschaft ausscheidenden Bevölkerung einen Verdienst geben. Auch im sozialen und kulturellen Bereich gibt es viele Neuerungen, die das Leben in einer demokratischen und pluralistischen Gesellschaft beeinflussen.

Mit dem Ende des West-Ost-Gegensatzes wird offenkundig, wie vorteilhaft man es sich in der Peripherie eingerichtet hatte. Nun entfällt jedoch die staatliche Subventionierung, die Grenze wird offen, die ehemals geschützte Peripherie wird zum Transitraum. Industriebetriebe, die nur wegen der Lohnkosten in den Bayerischen Wald gegangen sind, ziehen sich wieder zurück. Die Automobilzulieferer dagegen sind mit den großen Werken vernetzt und halten den Standort.

Im ganz weiten zeitlichen Überblick scheinen die Problematiken der Lage und der ungleichen räumlichen Entwicklungen also immer wieder durch. In beiden Fällen handelt es sich zwar um Konstrukte, doch ihre Beständigkeit ist verblüffend: In der Außenwahrnehmung ist der Bayerische Wald trotz aller Entwicklungen stets Peripherie geblieben. Leben und Arbeit haben sich zwar grundlegend gewandelt, eine Überwindung der räumlichen, ökonomischen und sozialen Disparitäten wurde aber nie geschafft – räumliche Ungleichgewichte bestehen überall und zu allen Zeiten.

Der rote Faden, der sich dabei durch alle Epochen zieht, ist die Natur. Sie ist, was sie ist, und sonst gar nichts. Der Mensch jedoch hat zu ihr ein sich wandelndes Verhältnis: mal bekämpft er sie, mal schützt er sie, mal respektiert er sie. Nach den großen Rodungsperioden des Mittelalters und der Neuzeit, die aus Landhunger und Machtwillen angetrieben wurden, haben wir heute ein differenziertes Verhältnis zur Natur. Mit dem Nationalpark nehmen wir große Flächen aus der Nutzung heraus, mit dem Flächenwachstum der Siedlungen verschlechtern wir an anderer Stelle diese Bilanz. In einer heterogenen Gesellschaft ist es kaum möglich, in dieser Frage zu allgemeiner Übereinstimmung zu kommen. Schon ein ungefährer Konsens wäre ein Erfolg.

5 Heute und morgen

Im neuen Jahrtausend geht die Entwicklung auf dem eingeschlagenen Pfad weiter. Aus der pluralistischen Gesellschaft der 1960er- und 1970er-Jahre ist eine heterogene und individualisierte geworden. Man kennt eine Vielfalt an Werten und Identitäten, ohne dass diese miteinander kollidieren müssen. Die religiösen Gruppen und Gruppierungen werden – nicht zuletzt durch Zuwanderung aus vielen Teilen der Welt – zahlreicher. Die Säkularisierung geht in den meisten Lebensbereichen in rasantem Tempo weiter. In dieser schwer durchschaubaren Situation ist es für viele ein sinnvolles Konzept, alte Rollenvorstellungen zu überwinden sowie Individualität zu gestalten und zu leben. In den Städten und auf dem Land spielt Multikulturalität eine immer wichtigere Rolle.

Die kommunikative Vernetzung relativiert dabei auch die periphere Lage des Bayerischen Waldes: Via Internet oder soziale Netzwerke sind viele Menschen verbunden; regionale Vorsprünge oder Rückstände spielen unter diesem Blickwinkel eine geringere Rolle als früher. Auf virtueller Ebene ist ein Stadt-Land-Kontinuum nahezu erreicht, so dass viele der alten Barrieren ihre Wirkung verlieren. Über Tele-Arbeitsplätze kann man bei engem Kontakt zu den Ballungs- und Entscheidungszentren auch vom Lamer Winkel oder von Auersbergsreut aus beruflich im ↗quartären Sektor tätig sein.

Die Wirtschaft folgt – ebenfalls vernetzt – neoliberalen Konzepten und kann mit Verweis auf die Sicherung von Arbeitsplätzen viele ihrer Interessen durchsetzen. Unter dem Schlagwort „Deregulierung“ werden der Staat und Interessenverbände in ihrem Einfluss zurückgedrängt. Soziale Errungenschaften, von früheren Generationen erkämpft, werden in Frage gestellt oder zurückgenommen. So entstehen in kleinen Schritten, aber unübersehbar neue, schwer zu durchschauende Machtstrukturen jenseits des staatlichen Zugriffs.

Das Aufgabenfeld der Politik wird folglich neu zugeschnitten. Der Staat ist nicht mehr der mächtigste Akteur auf allen

Bühnen, sondern einer von mehreren. In vielen Bereichen (Recht, Unterricht und Kultus, Verteidigung, innere Sicherheit, Legislative) gibt er unverändert den Takt vor, in anderen steht er in der zweiten Reihe. Große Budgets, die früher in die Bildung, die soziale Fürsorge oder die Landesverteidigung gesteckt wurden, stehen heute hierfür nicht mehr zur Verfügung. Die so genannte Friedensdividende wird nach dem Ende des Kalten Krieges nicht ausgezahlt.

Der schon zuvor eingeschlagene Pfad wird zwar weiter verfolgt, in der Konsequenz führt dies aber zu veränderten Rahmenbedingungen. Die Gegenwart ist – so klagten schon frühere Generationen – besonders schwer zu verstehen; die Zukunft bildet für uns Heutige ein Bündel an Möglichkeiten: Viele Perspektiven stehen nebeneinander, ohne dass sie beliebig wären.

Zur Aufwertung der wirtschaftlichen Peripherie verfolgt der Freistaat Bayern (mit unterschiedlichem Nachdruck) seit Jahren das Konzept der Verlagerung von Behörden in die Randgebiete. Auf diese Weise kamen staatliche Institutionen (vorwiegend aus München) in den Bayerischen Wald; das Zwieseler Landesamt für Steuern z. B. wurde 2020 personell um 100 Stellen aufgestockt, die zentrale Bußgeldstelle für Verkehrsdelikte befindet sich mit dem kompletten Personal seit den 1980er-Jahren in Viechtach, das Polizeiverwaltungsamt seit 1992 in Straubing. Viechtach und Straubing erhielten zusammen hierdurch rund 500 neue Arbeitsplätze.

Postmoderne und Globalisierung

Die Begriffe ‚Postmoderne', also das Etikett für die vieldeutige Gegenwart seit etwa den 1990er-Jahren, und ‚Globalisierung', also das vielzitierte *global village*, transportieren eine inhaltliche Vielschichtigkeit und Mehrdeutigkeit, mit denen die mannigfaltigen Gesichter der Gegenwart deutlich gemacht werden können. Der Übergang in die neue Phase der Weltwirtschaft ist fließend, chancen- und risikoreich. Während sich einerseits im Dienstleistungssektor ganze Branchen, wie Unternehmensberatung oder Versandhandel, neu formieren und in der Automobilproduktion oder der Logistik komplexe Arbeitsabläufe digitalisiert und durch Einsatz künstlicher Intelligenz flexibel organisiert werden, gibt es andererseits gewaltige Rückschläge durch die Euro-Krise (2007–2013) oder die Corona-Pandemie 2020. Etablierte Unternehmen fühlen sich gezwungen, sich den geänderten Rahmenbedingungen anzupassen, die weltweite Konkurrenz im Blick zu haben und die Betriebe in diesem Sinn zu optimieren. Erst der Blick hinter die Kulissen und auf die Firmenkonzepte verdeutlicht, wie groß der Wandel wirklich ist.

Bei näherem Hinsehen fällt auf, dass nach der Umstrukturierung mitunter außer dem Namen und dem Standort nur wenig von dem früheren Unternehmen geblieben ist. In zahlreichen Fällen werden Firmen im Zuge der neoliberalen Neuordnung des Marktes von Kapitalgesellschaften übernommen, ändern dabei ihr Profil in Teilen oder komplett und werden unter neuem Namen weitergeführt.

Das Wachstum zahlreicher GEWERBEGEBIETE, vor allem solcher, die unweit der Autobahn liegen, hängt in etlichen Fällen am Tropf des global agierenden Automobilbaus. An den neuen Standorten finden sich gerade im Umkreis von Regensburg viele Logistikbetriebe, die für die Zulieferbetriebe den Transport zum Auftraggeber übernehmen. Wer mit offenen Augen auf der Autobahn und den Landstraßen unterwegs ist, erkennt an den Aufschriften schnell die vielen LKW, die als rollendes Lager z. B. für den Automobilbau im Termingeschäft unterwegs sind. Die gut von den LKW der Logistikbranche gefüllte rechte Spur ist dabei die Kehrseite von ↗*Outsourcing* und ↗*just in time*.

Seit Jahrzehnten bieten die AUTOMOBILINDUSTRIE und ihre Zulieferer den Menschen im Bayerischen Wald sichere Arbeitsplätze – trotz aller konjunkturellen Schwankungen und gesamtwirtschaftlichen Turbulenzen. Die Globalisierung hat viel verändert, doch die Branche kann sich in der Region halten und scheint weiter auf Expansionskurs zu sein. Das ist aber keine Garantie für die Zukunft: Der globale Wettbewerb schützt keinen Standort, die Dominanz einer Branche – des Automobilbaus – ist problematisch und kann unter veränderten Vorzeichen in eine massive Krise führen. Seit 2020 bekommt die

Elektromobilität wachsendes Gewicht. Die gesamte Branche sieht große Herausforderungen auf sich zukommen: Die Lieferketten müssen neu ausgerichtet werden – die Konsequenzen zeichnen sich mit zunehmender Deutlichkeit ab.

Die Neuordnung der Wirtschaft zieht noch weitere Kreise. Der sich schon früher abzeichnende Rückzug der BAHN aus der Fläche nimmt beim Güterverkehr ungeahnte Formen an. Auf den meisten Nebenstrecken ist der Stückgutverkehr eingestellt, die Güterabfertigungsgebäude stehen seit vielen Jahren leer und verfallen, das jetzt überdimensionierte Schienennetz wird zurückgebaut. Frei gewordene Flächen stehen – wie bei aufgegebenen militärischen Standorten in Regensburg und Passau – für neue städtebauliche Projekte zur Verfügung. In Regensburg entstehen auf solchen Konversionsflächen die „Arcaden", ein innerstädtisches Einkaufszentrum; auf dem ehemaligen Süd-

Automobilbau gestern und heute

Die Automobilindustrie, das industrielle Aushängeschild Niederbayerns und der Oberpfalz, ermöglicht den nötigen Einblick in die geänderten Wirtschaftskonzepte. In den 1980er-Jahren beginnen die großen Hersteller, die Produktion und die Produktkette neu zu organisieren. Das alte, fordistische System – benannt nach Henry Ford, der mit der Fließbandfertigung (1913) den Automobilbau revolutionierte – basiert auf der Massenproduktion standardisierter langlebiger Erzeugnisse. Heute, im sogenannten Postfordismus oder Toyotismus, beschränkt sich der Automobilhersteller auf sein Kerngeschäft, z. B. die Karosserie, den Motor und/oder weitere Teile. Bestimmte Segmente der Fertigung werden an Zulieferer vergeben, die vertraglich an den Hersteller gebunden sind. Sie liefern ↗just in time (JIT), d. h. taktgenau passend zur Produktion. Jedes Auto ist heute mit seiner Farbe, seiner Bereifung und der jeweils gewählten Sonderausstattung ein Unikat. Die Fertigung muss im Sinne der Kundenwünsche flexibel sein.

Es werden also variantenreiche Kleinserien, keine Massenprodukte gebaut, bei denen spezialisierte Zulieferer im näheren und weiteren Umkreis des Werkes das Risiko der stark schwankenden, individualisierten Nachfrage tragen. Der Hauptbetrieb kann über die-

zuckergelände ist (mit dem passenden Namen Candis) seit 2014 ein neues, verdichtetes Wohngebiet mit ergänzenden Dienstleistungsunternehmen und Geschäften des Einzelhandels entstanden. Andere Flächen, die ungünstiger liegen, warten noch auf eine neue Nutzung. Auf den Brachflächen der stillgelegten Nebenbahnen im Bayerischen Wald stellt sich in der Regel keine Nachfolgenutzung ein. Eine Ausnahme bilden Radwege (Abschnitte der Walhallabahn; Strecke Bogen – Konzell – Miltach) oder Langlaufloipen (bei Haidmühle im Dreiländereck D-A-CZ), die bisweilen auf den stillgelegten Bahntrassen angelegt werden.

Das Güterverkehrszentrum Regensburg füllt die entstandene Lücke: Es bildet den zentralen Umschlagplatz, an dem Güter vom Zug oder Schiff auf LKW umgeladen werden. Der rasante Zuwachs bei den Logistik-Firmen ist (neben dem ↗JIT-Konzept)

sen Kunstgriff die kostspielige Lagerhaltung drastisch reduzieren, den Aufbau flexibler Kleinserien durchsetzen und die Herstellung durch Beschränkung auf Kernbereiche kostengünstig gestalten *(lean production)*. Durch zahlreiche Maßnahmen zur Qualitätssicherung und -verbesserung werden Fehler im Betriebsablauf und bei der Montage minimiert. Dies dient – ebenso wie der Einsatz von Zeitarbeitern – der Senkung der Kosten.
Im Umkreis des Regensburger Werks von BMW entsteht durch die Verbindung von Produzenten, Zulieferern und Forschungseinrichtungen ein ↗Cluster, der die Leistungsfähigkeit des gesamten Verbunds erhöht. Von der Auslagerung bestimmter Teile der Produktionskette in Zulieferbetriebe *(↗Outsourcing)* profitiert die Region Bayerischer Wald stark. Die beiden Komponentenfertiger in Hengersberg und Neureichenau nehmen in dem flexiblen Netzwerk toyotistischer Automobilherstellung einen wichtigen Platz ein. Das Hengersberger Unternehmen ist 2014 an 21 Standorten in 13 Ländern vertreten, neben Deutschland in Frankreich, Spanien, Italien, aber auch in Tschechien, der Slowakei oder Russland sowie in Ländern Asiens (China, Japan, Taiwan, Thailand) und Amerikas (USA, Brasilien). Etliche größere und kleinere Unternehmen, die ganz analog vernetzt sowie in Produktion, Entwicklung und Vertrieb mit weltweiten Standorten vertreten sind, kommen zwischen Regensburg und Passau hinzu.

Stillgelegtes Gleis, überflüssiger Bahnhof, seit 2011 wieder saisonaler Zugverkehr: Kalteneck im Ilztal

auf diese Umstellung zurückzuführen. Von den Knotenpunkten der Güterverkehrszentren aus ist der LKW schneller und flexibler einsetzbar als jedes schienengebundene Verkehrsmittel. Mit genau abgestimmten Routen versucht man, auf dem Land und in der Stadt die Zustellung zu optimieren. Die Stadtlogistik in der Regensburger Altstadt, die wegen schmaler Straßen und Fußgängerzonen für den Transport problematisch ist, bewältigt den Stückgutverkehr mit unternehmensübergreifenden Lösungen. Dies führt einerseits zu einer verbesserten Auslastung der eingesetzten Fahrzeuge und andererseits zu einer Verminderung der gefahrenen Touren. Von solchen Bündelungsstrategien erhofft man sich sowohl eine Kostensenkung als auch eine abnehmende CO_2-Belastung. Ökonomie und Ökologie ziehen hier an einem Strang – eine schöne Perspektive für die Zukunft.

Für die wirtschaftlichen Aussichten des Bayerischen Waldes spielt es weiterhin eine große Rolle, dass auch aus der Region neue Impulse kommen. Hier nehmen die HOCHSCHULEN einen wichtigen Platz ein. Die beiden Universitäten Regensburg und

Passau haben besonders in der Lehramtsausbildung einen starken regionalen Bezug, indem sie schwerpunktmäßig Studierende aus der Region für die Region ausbilden. Die beiden Technischen Hochschulen in Regensburg und Deggendorf gehen hier einen großen Schritt weiter: Die TH Deggendorf unterhält Außenstellen im Bayerischen Wald, die als Technologie Campi die wissenschaftliche Forschung mit der Anwendung verbinden. Am Standort Freyung besteht ein Technologie-Transfer-Zentrum (TTZ), mit dem einerseits die Studierenden im letzten Studienjahr ihre Forschungsansätze aus den Bereichen Embedded Systems und Geoinformatik in die Region bringen; andererseits haben die angeschlossenen Unternehmen hierauf direkten Zugriff: Über so genannte *Spin-offs*, d. h. Unternehmensgründungen aus Forschungsinstituten heraus, erhalten Firmen im Bayerischen Wald engen Kontakt zu den neuesten fachlichen Entwicklungen und haben die Möglichkeit, hochqualifiziertes Personal für die Region zu gewinnen. Analog ist der Technologie Campus in Teisnach (Lkr. Regen) mit dem Schwerpunkt Optische Technologien konzipiert. Beide Standorte sind Hoffnungsträger einer peripheren Region; sie nutzen jeweils Nischen, die zum regionalen Profil passen. Sie sind aber keine Selbstläufer, weil die hier angewendeten Konzepte auch in den Zentren von Wissenschaft und Forschung (München, Berlin, Dresden, Rhein-Ruhr usw.) zum Einsatz kommen.

Ganz ähnlichen Transformationsprozessen unterliegt auch der traditionelle Bereich der Steingewinnung. Der Markt für Pflastersteine, Trockenmauer- und Bordsteine oder polierte Platten aus Granit, dem wichtigsten Naturstein der Region, ist durch die globale Konkurrenz kleiner geworden. Steine aus Indien, Südostasien, Afrika oder Südamerika stechen die regionalen Erzeugnisse oft aus. Nur wenige Betriebe können diesem Druck standhalten. Ganz dem postmodernen Wandel entsprechend, inszeniert das Granitzentrum Bayerischer Wald in Hauzenberg das steinreiche Waldgebirge für ein Publikum, das die harte Arbeit in den Granitsteinbrüchen allenfalls vom Hörensagen kennt: mit einem Erlebniskino, mit Ausstellungen und einem Schausteinbruch inmitten einer Steinwelt. Verschiedene

Ganz im Zeichen des Granits: Straßenmarkt von Waldkirchen

Events (z. B. Granitweihnacht) dienen der Verankerung des regionalen Baustoffs in der Wahrnehmung der Besucher und der Festigung des Granit-Images.

Hiermit nicht vergleichbar ist der Kalksteinabbau am Keilberg in Regensburg. Es handelt sich um Kalkvorkommen der Jurazeit, die vom beginnenden bis zum Spätjura reichen und sich durch besonders hohen Kalkgehalt (97–98 % $CaCO_3$) bei 210 m mächtigem Vorkommen auszeichnen. Der Keilberg bildet den letzten südöstlichen Ausläufer des Fränkischen Jura. Die so genannte Keilberg-Störung, die senkrecht zum ↗Donaurandbruch verläuft, bildet großräumig die Grenzlinie zwischen dem Süddeutschen Schichtstufenland und der ↗Böhmischen Masse, kleinräumig zwischen dem Oberpfälzer Bruchschollenland und dem Falkensteiner Vorwald.

Seit der Mitte des 19. Jhs. wird an dieser Stelle der Jurakalk abgebaut, zermahlen und in großen Öfen zu Zement gebrannt. 1911 entstehen die Walhalla-Kalkwerke, die den Walhalla-Zement vertreiben. 1999 erwirbt der Branchenprimus Heidelberger Zement AG den Betrieb; der eingebürgerte Produktname, eine Qualitätsmarke, bleibt aber erhalten. Die Nutzungskonflikte um einen solchen Standort (mit rund 100 Arbeitsplätzen) sind bekannt und wiederholen sich. Es geht zum einen um die hohe Staubbelastung, die durch technische Maßnahmen gemindert werden kann, zum anderen um ↗Magerrasen und Steppenheideformationen, die unter Schutz stehen. Mit verschiedenen Maßnahmen versucht man, den alten Konflikt zu entschärfen. Bereits 1939 wird ein erstes Naturschutzgebiet (Keilstein, 45,43 ha) ausgewiesen, 1992 folgt ein zweites im Nordosten (24,3 ha). Durch Auflagen werden der Abbau reguliert sowie die Nutzung zeitlich und örtlich festgelegt. Mit einem Rahmenkonzept für den Kalkabbau bemüht man sich, die Rechte der Betreiber mit den gesellschaftlichen Wünschen und Werten in Einklang zu bringen – ein stets schwieriger Prozess.

Die Globalisierung erreicht in unserer Zeit auch den Lebensmitteleinzelhandel. Seit den 1960er-Jahren ist es zunächst die Wohnfunktion, die aus Kostengründen und wegen familienfreundlicher Bedingungen vielfach an den Stadtrand verlagert wird (SUBURBANISIERUNG). In den größeren Städten geht damit ein massives Flächenwachstum einher, das zugleich eine Ausweitung der Infrastruktur (Energie, Wasserver- und -entsorgung, Straßenbau) erfordert und die Automobilisierung der Bevölkerung vorantreibt. Im nächsten Schritt verlagern immer mehr Service- und Gewerbebetriebe, die nicht an einen Prestige- oder Kommunikationsstandort im Zentrum gebunden sind, ebenfalls aus Kostengründen den Firmensitz in den Randbereich; das Flächenwachstum geht damit beschleunigt weiter. Seit Mitte der 1990er-Jahre wählen auch die großen Filialisten des Lebensmitteleinzelhandels so genannte nicht-integrierte Standorte auf der grünen Wiese. Auch am Rand der ländlichen Siedlungen im Bayerischen Wald entstehen in neuen Gewerbegebieten großflächige Lebensmittelgeschäfte, die meist einen Bäckerladen und eine Fleischtheke enthalten; es schließen sich Drogeriemärkte, Schuhgeschäfte, Textilläden und auch Fastfood-Lokale an, die allesamt als Kettengeschäfte über ein standardisiertes Sortiment verfügen. In den historischen Ortskernen werden im Gegenzug die Leerstände immer größer; alteingesessene Geschäfte geben auf, Gaststätten schließen, die ehemalige funktionale Mitte verliert ihr Gesicht.

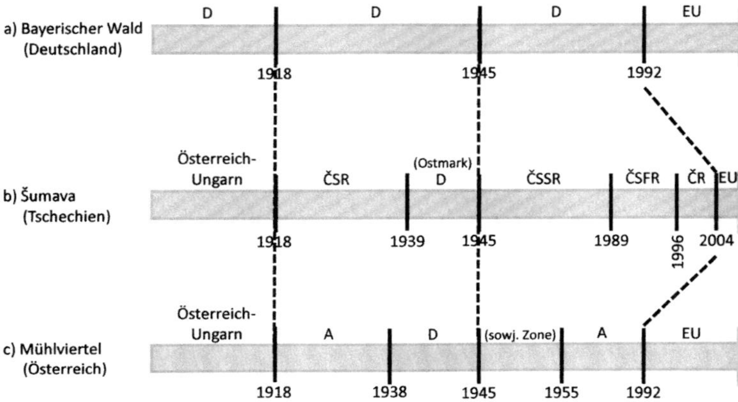

Staatliche Entwicklungspfade in Deutschland, Tschechien und Österreich

Nur in den größeren Städten, die von Regensburg über Straubing und Deggendorf bis Passau am Rand des Bayerischen Walds liegen, kommt es vor, dass junge Einpersonenhaushalte in den frei gewordenen Wohnraum nachrücken. Die Aufwertung alter Wohnsubstanz durch kostspielige Renovierung mit neuem Raumzuschnitt oder der komplette Neubau von Mehrparteienwohnhäusern der gehobenen Preisklasse im Randbereich der Innenstadt (Gentrifizierung) ist punkthaft am ehesten an den Hochschulstandorten zu erkennen; hier sind es vielfach so genannte „Young urban professionals" (Yuppies), „Dinks" (*double income, no kids*) oder „junge Alte" (Generation 60+), die solche Wohnlagen bevorzugen und bezahlen können.

Unter dem Stichwort Postmoderne und Globalisierung werden also bestimmte Prozesse der aktuellen wirtschaftlichen und gesellschaftlichen Entwicklung zusammengefasst. Sie können hier nicht alle aufgelistet, sondern nur schwerpunktmäßig dargestellt werden – durch die parallel verlaufende Digitalisierung aller Lebensbereiche gewinnen sie in galoppierendem Tempo an Bedeutung.

Vom europäischen Einigungsprozess ist der Bayerische Wald, an dessen Rand Deutschland, Tschechien und Österreich einander berühren, in besonderer Weise betroffen. Wie in einer Laborsituation treffen hier drei Länder aufeinander, deren Bevölkerung eine ganz spezifische Geschichte erlebte und verinnerlichte.

Auf der Ebene der staatlichen Entwicklungspfade, mit denen die Leitvorstellungen der einzelnen Länder zusammengefasst werden, kommen die großen Differenzen nur ganz grob zum Ausdruck. Die Kürzel in der obenstehenden Abbildung bedürfen daher der Erläuterung. Die Leitvorstellung D zum Bayerischen Wald steht bis 1918 für das deutsche Kaiserreich, im nächsten Schritt (bis 1945) für die Weimarer Republik und die NS-Zeit, danach für die Bundesrepublik Deutschland; ab 1992 wird es um die Europäische Union ergänzt. In der Šumava (Böhmerwald) fallen die zahlreichen Abweichungen vom Entwicklungspfad des Bayerischen Walds auf, wie es einerseits bei einem eigenständigen Land zu erwarten, andererseits dem Zweiten Weltkrieg und der folgenden Eingliederung in die Staaten des Warschauer Pakts sowie der Auflösung dieses Bündnisses geschuldet ist. Auch im österreichischen Mühlviertel sind spezifische Zäsuren zu erkennen, die einen Wechsel des Leitbilds anzeigen. Es stehen sich damit drei Räume gegenüber, die bereits auf staatlicher Ebene unterschiedliche Entwicklungen hinter sich haben. Wie sollen sich diese in EU-Europa wiederfinden?

Als „Europa der Regionen“ wird ein Konzept bezeichnet, das auf der Ebene der Bezirke (Niederbayern, Oberpfalz, Region Pilsen, Region Südböhmen, Westösterreich) unter Einschluss aller Bewohner die regionale Eigenständigkeit unterstützt; es handelt sich im Gegensatz zum zentralistischen Weg, der von Berlin oder Brüssel ausginge, um einen föderalistischen Ansatz, von dem man sich infolge seiner Bürgernähe hohe Akzeptanz in den Regionen erwartet.

Die ↗Euregio Bayerischer Wald – Böhmerwald – Unterer Inn führt diesen Gedanken grenzüberschreitend in Deutschland, Österreich und Tschechien weiter. Hierbei werden z. B. Projekte zur grenzüberschreitenden soziokulturellen Zusam-

Philippsreut und Strážný – ungleiche Zwillinge

Beim Wettlauf zwischen Passau und Böhmen um die letzten Ressourcen im Grenzgebirge entstehen im ausgehenden 17. Jh. im Einzugsbereich der Moldau Kuschwarda (Strážný) und Philippsreut. Mit der Grenzziehung von 1945 finden sich die Bewohner beider Orte plötzlich in extremer Randlage wieder. Die Lage war zur Sackgasse geworden, die Entwicklung stagnierte. Von 1945 bis 1990 gibt es keine Kontakte bzw. keinen Austausch zwischen den Menschen beidseits der Grenze und keine gemeinsame Identität.

„Die Tschechoslowakei begann 1951 mit der großflächigen militärischen Sicherung ihres Grenzgebietes. [...] Zahlreiche Dörfer in unmittelbarer Grenzlage wurden zwangsgeräumt und eingeebnet [...]. Aus Kuschwarda wurde Strážný. Hier erfolgte nach 1951 ein grundlegender Bevölkerungsaustausch, und zwar durch die Politik der gezielten Ansiedlung von tschechischer Bevölkerung in Mittelpunktsiedlungen im ehemals deutsch besiedelten Grenzgebiet [...]. Diese Umsiedler stammen aus dem tschechischen Binnenland und der Slowakei sowie als Minderheitengruppen aus Rumänien, der Ukraine etc." (Breuer 2007, S. 53).

Nach dem Fall des Eisernen Vorhangs 1990 befinden sich die beiden Dörfer erneut in zwei Welten: In Philippsreut ist man nach dem Bau der Umgehungsstraße vom Verkehr abgeschnitten, in Strážný gibt es zwar einen Boom, doch der geht in eine ungeahnte Richtung: Auf so genannten Vietnamesenmärkten werden Tabakwaren, Spirituosen und Marken-Replikate von Textilien, Schuhen und CDs angeboten, ein Spielcasino nimmt den Betrieb auf, das Rotlichtmilieu und die Straßenprostitution breiten sich aus. Die ansässige Bevölkerung ist von dieser Entwicklung wenig angetan. Kontakte zur deutschen Seite gibt es dabei kaum, weil die Sprachbarriere unüberwindbar hoch und die Ortsverbundenheit auf tschechischer Seite sehr niedrig ist.

Es kommt noch schlimmer: „Die Grundeinstellungen zum jeweiligen Nachbarland divergieren erheblich: In Strážný äußern sich rund zwei Drittel der Befragten überwiegend positiv, in Philippsreut wird diese Position bestenfalls von einem Drittel vertreten" (Breuer 2007, S. 56/57).

Grenzübergang Finsterau/Bučina für Radfahrer und Fußgänger

menarbeit gefördert, um manche der Defizite, die sich in 45 Jahren getrennter Entwicklung anhäuften, wenigstens teilweise abzubauen. Hierbei spielt das Euregio-Gastschuljahr für Schüler tschechischer Gymnasien in Bayern eine wichtige Rolle.

Doch die Probleme stecken oft in den Details. Am Beispiel der grenzüberschreitenden Dorfentwicklung von Philippsreut und Kuschwarda (Strážný), die dies- und jenseits der Grenze an der B12 bzw. N4 liegen, stellt der Regensburger Geograph Breuer heraus, dass beide Orte zwar als neuzeitliche Gründungen durchgehend deutsch besiedelt waren, dass aber die Zäsur von 1945 mit anschließender Vertreibung der Dorfbewohner aus Kuschwarda und dem Ausbau einer hermetisch abgeriegelten Grenze zu einem Abbruch der grenzüberschreitenden Beziehungen und zu entfremdeten Grenzregionen führte.

Einen neuen Ansatzpunkt zum gegenseitigen Kennenlernen in einer entfremdeten Grenzregion bildet der Tourismus. Als Attraktionspunkt des Fremdenverkehrs gilt der Schwarzenbergische Schwemmkanal, auf dem im 19. Jh. große Mengen Brennholz aus dem Böhmerwald zur Donau und weiter nach Linz und Wien transportiert wurden. Heute wird der Kanal als Kulturdenkmal erhalten sowie als „Kulturachse Schwemmkanal" inszeniert und beworben. Es sind hauptsächlich Radfahrer, die auf dem kanalparallelen Weg das böhmische Moldautal erkunden, in Gaststätten einkehren oder das Schauschwemmen in den Sommermonaten genießen. In den Hoch- und Gipfellagen zwischen Osser und Hochficht sind im Sommer und Herbst die Wanderer, im Winter und Frühjahr die Schneewanderer und Langläufer im Wald unterwegs; sie können sich im Grenzwald wieder frei bewegen und auf den Wanderwegen die Grenze überall queren. Hinter all dem steht (neben dem Kultur- und Freizeitgenuss sowie weiteren Interessen) auch die Hoffnung auf mentale Annäherung durch persönliche Kontakte.

Die Grenze ist keine Barriere mehr, sie ist für den Güter- und Personenverkehr durchlässig, die Kontrollen sind im Schengen-Raum reduziert, die Beziehungen haben sich längst normalisiert. In den Köpfen jedoch lassen sich die Mauern nicht synchron mit den Grenzanlagen abbauen – Vorbehalte, die es auf beiden Seiten gibt, werden durch Unkenntnis genährt und am Leben erhalten. Hinzu kommen immer wieder Meldungen in den Medien und gerne auch grobe Urteile von den Stammtischen, die unsere Nachbarn jenseits der Grenze pauschal in keinem guten Licht erscheinen lassen.

Die unterschiedlichen Entwicklungspfade, die gerade im Fall Tschechiens von ausgeprägten Zäsuren gekennzeichnet sind und sich von der Entwicklung in Deutschland und Österreich in zentralen Punkten unterscheiden, werden selten multiperspektivisch wahrgenommen. Die ethnischen Auseinandersetzungen, die in den 1920er- bis 1940er-Jahren in gegenseitiger Unterdrückung, Vernichtung und Vertreibung kulminierten und deren Folgen in den abgebauten oder massiv veränderten Dörfern des Böhmerwalds förmlich greifbar sind, müssen im vereinigten Europa angesprochen, aufgearbeitet und überwunden werden.

Die über Jahrzehnte fehlenden persönlichen Kontakte werfen einen langen Schatten bis in die Gegenwart und die Sprachbarriere vertieft die entstandenen Defizite zusätzlich. So ist der Weg von der Unkenntnis zur Ablehnung nicht weit. Nur wenige Deutsche können (ein paar Worte) Tschechisch; da Verständigung ganz zentral über Sprache abläuft, bleibt – auch unter diesem Aspekt – noch viel zu tun. Die europäische Idee gibt mit dem Europa der Regionen den theoretischen Rahmen vor, die Menschen hinken in der Praxis jedoch nach.

Manche Formen des Tourismus, die nur den Sport oder die Freizeit im Blick haben, greifen die komplexe Geschichte des Bayerischen Waldes nicht auf. Sie betonen das Erlebnis und sprechen individuelle Wünsche und Vorlieben der Besucher an. In gewissem Sinn benötigen sie den Wald und die Region gar nicht, sie bilden mitunter nur die zufällige Staffage.

Um einen solchen Fall handelt es sich beispielsweise bei der Westernstadt „Pullman City" in Eging am See bei Passau. Die Einrichtung wird als Zeitreise in die authentische Szenerie des Wilden Westens beworben. So genannte Hobbyisten aus der Trapper- und Indianerszene füllen den Freizeitpark ebenso wie Tagesgäste und lassen sich in dieser Kunstwelt von Stunts und Westernszenen beeindrucken. Auch im Freizeitsektor werden die Konzepte, wenn sie sich rechnen, auf neue Standorte übertragen: Im Harz besteht bei Hasselfelde, unweit des Brocken, eine zweite Kunstwelt gleichen Namens, in Österreich gibt es in Wöllersdorf bei Wiener Neustadt ein drittes Exemplar.

Der „Churpfalzpark" in Loifling bei Cham ist ein Freizeit- und Erlebnispark. Er greift ein Konzept auf, das in ähnlicher Form im Heidepark bei Soltau, im Phantasialand in Brühl oder im Europapark Rust umgesetzt wurde. Mit Autoscooter, Karussell, Achter- und Wildwasserbahn, Bungee-Trampolin, Speed-Rafting oder einem Themenbereich (Piraten) präsentiert man ein breites Angebot, bei dem Spaß und Action im Vordergrund stehen.

Ganz anders gelagert und dennoch vergleichbar ist die Austragung des Ski-Weltcups am Großen Arber: Seit 1973 werden hier hochrangige Skirennen (Europacup und Weltcup) in unregelmäßigen Abständen durchgeführt. 2011 verkündet der Deutsche Skiverband, dass es mittelfristig keine Weltcuprennen am Arber mehr gebe. Als Grund werden die problematische Witterung und die daraus folgenden finanziellen Risiken genannt. Bei Sport-Großereignissen, die vom Fernsehen live übertragen werden, gelten hohe Standards, die im Mittelgebirge nur schwer zu erfüllen sind. Neben der Witterung sind auch die Anforderungen an die Strecke sowie die Zuschauertribünen sehr hoch. In Zeiten des zunehmenden Klimawandels, in denen selbst in den Alpen auf Kunstschnee nicht verzichtet werden kann, sind an einem Mittelgebirgsstandort auch in Kammlage kostspielige Eingriffe nötig, um eine Kunstwelt zu erschaffen, die den Erwartungen eines verwöhnten TV-Publikums genügen kann.

Die zahlreichen Wellness-Hotels zwischen Roding und Haidmühle seien als letztes Beispiel für postmoderne Inszenierungen aufgeführt. Mit dem Qualitätssiegel von vier Sternen versehen, wird ein Ambiente offeriert, das neben der gehobenen Ausstattung mit Pianoabenden, Modenschau, Relaxing oder Spa-Angeboten um Kunden wirbt. Die umgebende Landschaft mit ihrem je nach Jahreszeit unterschiedlichen Potenzial wird gerne mit ins Profil eingebaut, steht aber nicht an erster Stelle. Traum-Wellnesstage, Sole-Whirlpool, Erlebnishallenbad oder Wellness & Beauty scheinen eine höhere Attraktivität zu besitzen als Natur, Wind und Wetter. Doch dieses Konzept ist kein Selbstläufer. Die Hotels sind einem harten Konkurrenzkampf ausgesetzt. Sie müssen mit immer neuen Attraktionen, mit hochwertiger Ausstattung und mit verlockenden Preisen Kunden aus nah und fern anwerben. Dies gelingt nicht in allen Fällen.

Die Naherholung im Umkreis der Städte setzt dagegen auf das ↗endogene Potenzial: Natur und Kultur gehen hier wiederholt eine vorteilhafte Verbindung ein. So bietet die Fahrradstrecke auf dem Schotterkörper der ehemaligen Walhallabahn von Regensburg entlang des ↗Donaurandbruchs mit dem Dungau auf der einen und dem Bayerischen Wald auf der anderen Seite nicht nur eine anmutige natürliche Kulisse, sondern auch kulturlandschaftliche Anziehungspunkte. Bei Donaustauf, wo der Fluss mit einem Mäanderbogen bis an den Radweg und den Randbruch reicht, erhebt sich die Walhalla, ein nach den Vorstellungen des 19. Jhs. errichteter Ort des Gedenkens an bedeutende Persönlichkeiten „teutscher Zunge". Vorbei an Sulzbach und Demling erreicht man nach wenigen Kilometern Bach und Kruckenberg, zwei traditionsreiche Weinbauorte. 1840 wurden auf den südexponierten Steilhängen noch ca. 170 ha zum Weinbau genutzt, heute sind es nur noch 4 ha. Der Charakter von

Weinbauorten konnte jedoch bewahrt werden. Es entwickelte sich eine bescheidene Heurigenkultur in beiden Orten; ein Baierweinmuseum in Bach und die Möglichkeit, in einem Lokal im Weinberg zu sitzen und einen Landwein zu trinken, bilden das regionale Alleinstellungsmerkmal einer solchen Radtour.

In der EU ergeben sich durch den gemeinsamen Markt für zahlreiche Firmen ganz neue Perspektiven. Es geht dabei nicht nur um die Auslagerung ausgewählter Teile der Produktionskette, die an anderen Standorten kostengünstiger sind, sondern auch um die Expansion in neue Märkte. Ein Beispiel hierfür ist die Verlagsgruppe Passau, die seit 1946 die Tageszeitung Passauer Neue Presse mit verschiedenen Lokalausgaben herausgibt. Das Unternehmen besteht heute aus den großen Teilen Neue Presse Verlags-GmbH (Passau), Vltava-Labe-Press (Prag) (bis 2018) und Polskapresse (Warschau). In weiten Teilen Polens ist der Konzern flächendeckend mit überregionalen und regionalen Zeitungen sehr breit aufgestellt. In den beiden Ländern werden bei einer Auflage von über 6 Mio. Exemplaren gut 9 Mio. Leser erreicht, 3800 Mitarbeiter finden in den unterschiedlichen Teilen des Unternehmens einen Arbeitsplatz.

Selbstverständlich spielt auch die Landwirtschaft im Zeitalter der EU eine veränderte Rolle. Die Versorgung der Bevölkerung mit Lebensmitteln liegt schon lange nicht mehr ausschließlich in den Händen der regionalen Produzenten. Durch Mechanisierung, Technisierung, Chemisierung und Kapitalisierung wuchs die Produktivität der Landwirtschaft gewaltig: Vor 100 Jahren ernährte ein Landwirt fünf Personen, vor 50 Jahren zehn und heute rund 150. Infolge globaler Warenströme stehen – für alle, die das Geld dazu haben – pflanzliche und tierische Produkte aus allen Teilen der Welt im Supermarkt zum Verkauf. Die Bauern im Bayerischen Wald sind von den vielfältigen Warenströmen betroffen; sie müssen sich spezialisieren und/oder genossenschaftlich kooperieren, wenn sie im Wettbewerb bestehen wollen. Schwankende Preise an den Getreidebörsen der Welt oder der Verfall bzw. Anstieg der Milchpreise wirken sich auch auf die Produzenten im Bayerischen Wald aus.

Traditionell errichtete Höfe mit ihren architektonischen Spezifika (s. o.), oft Schmuckstücke der ländlichen Kulturlandschaft, können modernen betriebswirtschaftlichen Erfordernissen nicht mehr genügen; moderne Zweckbauten, kostengünstig aus Fertigteilen errichtet, ersetzen sie und machen den wirtschaftlichen und strukturellen Wandel sichtbar. Die alten Höfe verfallen, werden abgerissen oder (in Ausnahmefällen) in Freilichtmuseen als historische Zeugnisse wieder aufgebaut.

Moderne konventionelle und alternative Landwirte verstehen sich gerade in peripheren Ungunsträumen auch als Landschaftspfleger, die durch ihre Arbeit das Landschaftsbild mit seinen Offenland- und Waldflächen schützen und erhalten, sowie als Energiewirte, die mit Biogas, Solaranlagen oder Windrädern nachhaltige Formen der Energiegewinnung praktizieren. Die ökologische Landwirtschaft setzt sich plakativ von der konventionellen Landwirtschaft ab und verzichtet auf bestimmte Pflanzenschutzmittel und Mineraldünger sowie grundsätzlich auf

Auf getrennten Wegen ins neue Europa?

Schaffen Deutsche, Österreicher und Tschechen ein Vierteljahrhundert nach der Wende endlich den Schritt vom Klischee zur Kooperation? Der Wiener Historiker Gernot Heiss meinte 2010 zu den Beneš-Dekreten: „Es ist ganz eigenartig: Durch solche Dinge werden alte Vorurteile aus teilweise unerfindlichen oder absurden Gründen immer wieder aktiviert und fallen dann recht schnell auf fruchtbaren Boden." Die Dekrete, die nach 1945 die Grundlage für die Enteignung von etwa drei Millionen Sudetendeutschen darstellten, wurden nach dem Ende des Kalten Krieges wieder zum Thema für Historiker aus Deutschland, Österreich und Tschechien. Und auch zum Thema für populistische Politiker, die der jeweils anderen Seite mangelnde Aufarbeitung der Geschichte vorwarfen. In Österreich etwa habe Jörg Haider die Beneš-Dekrete wieder auf die politische Agenda gesetzt, meint Heiss.

Auch Jiří Pešek, ein Prager Professor für deutsche und österreichische Studien, resümiert leicht enttäuscht: Die grenzüberschreitende Zusammenarbeit im Bereich von Wirtschaft, Kultur und Politik habe zwar große Fortschritte gemacht und in jüngster Zeit gebe es auch auf Gebieten wie Forschung, Technologie oder Sozialwesen immer mehr gemeinsame Projekte. Und dennoch: „Es ist schon etwas bitter, dass sich die Umstände nicht so verändert

den Einsatz der Gentechnik; Bio- oder ökologische Landwirtschaft ist je nach Zuordnung zu einem Dachverband ganz bestimmten Standards unterworfen, die in verschiedenen Labels zum Ausdruck kommen. Die ökologisch ausgerichteten Produzenten erzeugen und vermarkten lokal, z. B. im Hofladen oder auf Wochenmärkten, sind aber auch regionalen Verkaufsnetzen angeschlossen. Gleichwohl nimmt die alternative Landwirtschaft nur eine Nische ein. Der Umsatz mit Öko-Lebensmitteln macht, gemessen am gesamtdeutschen Lebensmittelumsatz, nur wenig über 2 % aus.

Auch die postmodernen Neubaugebiete unterscheiden sich von ihren Vorgängern. Es beginnt bereits mit den Straßennamen: Bis Ende der 1960er-Jahre sind im Bayerischen Wald Namen verbreitet, die an die ehemaligen Ostgebiete erinnern (Breslauer oder Danziger Straße, Böhmerwaldweg u. a.); es

haben, wie ich es immer gehofft hatte. Die Nachbarn sind für viele Journalisten und Politiker nur wenig interessant. [...] Der moderne Journalismus referiert über die Skandale und Katastrophen, aber die laufende Zusammenarbeit ist keine Nachricht. Außerdem [...] behauptet man, dass die Rolle der deutschen Sprache bzw. die Rolle von Deutschland und Österreich im Rahmen der Europäischen Union und der modernen Welt nicht wichtig ist und entsprechend minimalisiert werden sollte. Das halte ich wirklich für unglücklich." Besonders das rückläufige Interesse an der deutschen Sprache ist Pešek ein Dorn im Auge. Wenn man z. B. vom westböhmischen Domažlice über die Grenze ins bayerische Furth im Wald fährt, um dort englisch geschriebene Verträge zu unterzeichnen, dann ist das für den Historiker ‚Wahnsinn pur'.

Dies gelte nicht nur für die Wirtschaft, sondern für alle Bereiche des Zusammenlebens – gerade in grenznahen Regionen wie dem Bayerischen Wald: Wer kommunizieren will, meint Pešek, der brauche neben einer gemeinsamen Sprache auch gemeinsame Witze, ein Bewusstsein von der gemeinsamen Alltagskultur.

20 Jahre nach dem Fall des Eisernen Vorhangs scheint dieses Bewusstsein immer noch recht wenig ausgeprägt zu sein – und doch ist die konkrete Zusammenarbeit auf Gebieten wie Wirtschaft, Wissenschaft und Kunst weit besser als der Ruf.

Quelle: Feature des Tschechischen Rundfunks vom 1. März 2010

Kreuzfahrtschiffe an der Anlegestelle in Passau

folgen Komponisten und Dichter als Namensgeber (Mozart, Bach, Stifter u.a.) und neuerdings zunehmend auch bedeutende Frauen (Käthe Kollwitz, Sophie Scholl, Emerenz Meier u.a.). Auffallender sind die Architekturzitate aus der Baugeschichte anderer Länder: Die Häuser sind manchmal im Toskana-Stil errichtet, manchmal als kanadische Blockbauten, an wieder anderer Stelle folgen sie in Architektur, Gartenanlage und Farbwahl den Zielen des Feng Shui, einer chinesischen Harmonielehre.

Am Beginn des 21. Jhs., in der digitalisierten und globalisierten Welt, suchen wir nach Antworten auf die ökologischen, sozialen und wirtschaftlichen Herausforderungen der Gegenwart. Das Konzept eines Europas der Regionen ist die Antwort der EU auf die beiden Weltkriege des 20. Jhs.; es betont den Aspekt des Regionalen, um die fatalen Folgen der Sackgasse des Ethnischen zu überwinden. Mit diesem Konzept werden mit Blick auf die Gegenwart und die Zukunft Lehren aus der Geschichte gezogen. Für die Bewohner des Bayerischen Waldes, die im Kontaktbereich dreier Länder leben, spielt dies eine wichtige Rolle.

Mit der EU gelingt es nach Jahrzehnten der Trennung und des Kalten Krieges, drei divergierende staatliche Entwicklungspfade zusammenzuführen. Auf dieser Grundlage, die in der

Gegenwart und Zukunft weiter auszubauen ist, erfährt die Lage des Grenzgebirges eine völlige Neubewertung.

Auch die grenzüberschreitenden Beziehungen nach Tschechien, die von einer langen und belasteten Vorgeschichte mit gegenseitiger Ignoranz gezeichnet sind, entwickeln sich allmählich. Es ist zu hoffen, dass die jüngere Generation auch die Sprachbarriere überwindet und schrittweise weiter vorankommt.

Der Freizeitsektor durchdringt mittlerweile mit alten und neuen Formen den ganzen Raum. Wanderer in einsamen Wäldern, die es immer noch gibt, und Menschenmassen in postmodernen Kunstwelten bilden die beiden Eckpunkte der Möglichkeiten. Auch das Freizeitsegment der Naherholung, die sich an den Feldern Natur und Kultur orientiert, wird bedeutsamer.

Letztendlich ist die seit Jahrzehnten bereits einem massiven Wandel unterworfene Landwirtschaft rein optisch (in Feld und Flur, aber auch in den ländlichen Siedlungen) nahezu überall präsent. Funktional und ökonomisch hat sie allerdings an Bedeutung verloren. Neue Nischen zeigen sich in der Energiegewinnung oder in alternativen Formen des Landbaus; sie können aber den generellen Wandel nicht aufhalten.

Deutsche, Österreicher, Tschechen und andere

Auch eine *Kleine Geschichte des Bayerischen Waldes* kann sich in der heutigen Zeit der kommunikativen, ökonomischen und sozialen Vernetzung nicht auf das Waldgebirge beschränken und in diesem Sinn eine Nabelschau betreiben. Der Blick über den sprichwörtlichen Tellerrand gehörte bereits in allen früheren Epochen dazu, wenn Neuerungen von außerhalb das Waldgebirge und seine Bewohner erreichten. Das ist heute nicht anders.

Ein in seiner aktuellen Form neues Phänomen entfaltet sich auf der Donau: Seit der Aufhebung des Eisernen Vorhangs boomt der Kreuzfahrttourismus auf diesem Fluss. Von 1992 bis 2011 nimmt der Zahl der jährlichen Schiffsanlegungen in Passau von unter 200 auf knapp 2000 zu, das Passagieraufkommen erhöht sich von 20.000 auf fast 200.000, 2019 auf

Kreis	Rückgang (2002–2012)	Prognose bis 2031	Alterungs-quote (2001–2011)	Verfügbares Einkommen (2009)
Regen	-7,5 %	-9,5 %	+12,4 %	16 770 €
Freyung-Grafenau	-5,6 %	-7,0 %	+13,3 %	16 873 €
Cham*	-4,2 %	-6,2 %	k. A.	k. A.
Stadt Passau	-3,5 %	-2,5 %	k. A.	18 019 €
Deggendorf	-1,9 %	k. A.	+17,5 %	18 049 €
Passau	-1,7 %	k. A.	+21 %	18 301 €

* *Die Zahlen für Cham beziehen sich auf den Zeitraum 2001–2011*

300.000. 2013 starten über 900 Flusskreuzfahrten in der Dreiflüssestadt; die meisten Touren gehen nach Wien und Budapest, nur wenige erreichen das rumänische Donaudelta. Der Fluss und die an ihm liegenden Städte, Klöster und Burgen sowie ausgewählte Landschaften (z. B. die Wachau) stehen im Mittelpunkt des Interesses. Doch auch die Stadt Passau als Start- und Endpunkt der Reise profitiert doppelt von den Flusskreuzfahrern: Diese lernen einerseits auf einer Führung die Stadt kennen und kommen eventuell wieder, andererseits lassen die großen Schiffe ihre Vorräte von Cateringfirmen an diesem Standort auffüllen und nehmen weiteren Service (z. B. Wäscherei, Reparaturen) in Anspruch. Die Grenzen – das passt gut zu einer Schifffahrt – verschwimmen förmlich. Auf der Donau, einer internationalen, exterritorialen Wasserstraße, ist das nicht verwunderlich.

Es ist die gemeinsame Erinnerungskultur, die den Deutschen und Tschechen fehlt – früher gab es sie. Nationalismus und gegenseitige Missachtung auf oberster politischer Ebene bestellten ein Feld, dessen Saat rasch aufging. Die Jahrzehnte des Schweigens und der fehlenden Kontakte nach 1945 taten ein

Übriges, um die Sprachlosigkeit und gegenseitige Unkenntnis, das Desinteresse und die Ablehnung zu vertiefen.

Zu ihrer Überwindung müssen die heutigen Verhältnisse zu beiden Seiten der Kammlinie in allen drei Ländern gesehen werden. Der *Human Development Index* (HDI), ein Indikator für menschliche Entwicklung, der die Bereiche Lebenserwartung, Bildung und (materieller) Lebensstandard kombiniert, stuft 2019 Deutschland auf Rang 4 (von 186), Österreich auf Rang 20 und Tschechien auf Rang 26 ein; alle drei gehören damit zu den 47 Ländern der obersten Gruppe mit sehr hoher menschlicher Entwicklung.

Je stärker die Daten regionalisiert werden, desto deutlicher werden die Differenzen und Spezifika: In den Landkreisen des Bayerischen Waldes stagniert oder schrumpft die Bevölkerung (s. Tabelle auf S. 163). Die Prognose bis 2031 schreibt die Schrumpfung mit wachsender Tendenz fort. Dagegen ist die Entwicklung der Alterungsquote bei den über 65-Jährigen relativ niedrig. Beim verfügbaren Einkommen je Einwohner liegt der Wald allerdings deutlich unter dem bayerischen Durchschnitt. Zum Vergleich: Der bayernweite Durchschnitt lag bei 20 111 €. Analoge Platzierungen gibt es beim Bruttoinlandprodukt oder bei der Bruttowertschöpfung. Als Hinweis auf die Entlegenheit des Raumes und die unzureichende Erschließung durch öffentliche Verkehrsmittel kann der auffallend hohe Kfz-Bestand (je 1000 Einw.) gelten: Straubing-Bogen 863,1, Freyung-Grafenau 855,3. Der Mietspiegel für gewerbliche Räume liegt im Wald, wie zu erwarten ist, deutlich unter den Werten der Kommunen des Donautals.

Ohne groß weitere Zahlenreihen bemühen zu wollen, deren Interpretation je nach Zuschnitt der Kriterien und Gewichtung einzelner Aspekte zudem unterschiedlich ausfallen kann, bleibt die sozio-ökonomische Marginalität als Faktum bestehen. Sie war bereits für frühere Epochen als kennzeichnendes Merkmal herausgestellt worden.

Das Mühlviertel in Oberösterreich fügt sich nahtlos ein: Es belegt in der Wirtschaftskraft (2007) im landesweiten Vergleich den vorletzten Platz; es liegt 45 % unter dem Landesdurchschnitt. Die grenznahen Kreise West- und Südböhmens (Klattau,

Prachatitz, Krummau) sind ebenfalls markante Peripherräume; der durchschnittliche Monatslohn (2007) erreicht im Kreis Prachatitz (ca. 470 €) nur 56 % des landesweiten Durchschnitts. Auf eine spezielle Berufsgruppe zugeschnitten, nämlich auf die Lehrerinnen und Lehrer der Sekundarstufe I, ergeben sich (2012/2013) folgende Gehälter: Deutschland 100 %, Österreich 115 %, Tschechien 24 %. Damit wird überdeutlich, dass die materiellen Lebensverhältnisse jenseits der deutschen und österreichischen Grenze erheblich niedriger liegen; das West-Ost-Gefälle, bildlich: eine Stufe der so genannten Wohlstandskaskade, springt förmlich ins Auge. Die wirtschaftliche Rückständigkeit von Bayerischem Wald und Mühlviertel wird also teilweise relativiert, wenn Süd- und Westböhmen vergleichend gegenübergestellt werden.

Die Gründe für den Entwicklungsrückstand des Bayerischen Waldes wurden in den vorausgehenden Kapiteln bereits ausgiebig dargestellt. Im Mühlviertel und in Böhmen ist die Vorgeschichte ähnlich komplex; es gibt aber auch Gründe, die zeitlich nicht so weit zurückliegen: So verlor das Mühlviertel in der Zeit der sowjetischen Besatzung (1945–1955) den Anschluss an den Raum südlich der Donau und blieb auch in den folgenden Jahrzehnten spürbar im Schatten der Landeshauptstadt Linz, die ab den 1970er-Jahren stark von den Folgen der Überkapazitäten im Stahlsektor und von der anschließenden Deindustrialisierung betroffen ist. Die grenznahen Kreise Böhmens litten enorm unter der Lage an der Demarkationslinie und der Vertreibung der ehemals deutschsprachigen Bevölkerung. Die entstandene Lücke konnte nicht mehr geschlossen werden.

Es sei aber nicht verschwiegen, dass es neben der materiellen Ebene auch noch weitere gibt, z. B. die geistig-kulturell-ästhetische. Sie wird nicht über Indices gemessen, sie geht in keine Statistik ein, macht aber einen bedeutenden Teil des Lebensniveaus und der -qualität aus. Wie hier auf deutscher, österreichischer und tschechischer Seite die Gewichte verteilt sind, lässt sich nur schwer bilanzieren – erst recht in individualisierten und heterogenen Gesellschaften.

Die verschiedenen staatlichen Entwicklungspfade docken den Bayerischen Wald politisch in Deutschland an, das Mühlviertel in Österreich und den Böhmerwald in Tschechien. Also folgen die Regionen den Leitbildern ihres Landes. Hierdurch kamen in unterschiedlichen Zusammenhängen so genannte Gastarbeiter (heute spricht man von Arbeitsmigranten) in die Länder. In Deutschland waren es nach dem ersten Anwerbeabkommen (1955) zunächst Italiener; es folgten Spanier, Griechen, Türken, auch Marokkaner, Portugiesen, Tunesier und Jugoslawen. Sie finden in Industriebetrieben der Ballungsräume Arbeit; viele bleiben auch nach dem Auslaufen ihrer Arbeitsverträge im Land, holen ihre Familie nach oder gründen sie in Deutschland. Mit Verzögerungen kommen sie auch im Bayerischen Wald an und bauen sich hier eine Existenz auf. Ähnlich ist es in Österreich: Hier sind es zuerst Jugoslawen, die bevorzugt nach Wien kommen, heute aber – wie auch Türken und andere Bevölkerungsgruppen – im ganzen Land wohnen und arbeiten.

Die nicht-tschechischen Ethnien im Böhmerwald haben einen ganz anderen Hintergrund. Roma aus der Slowakei, aus Rumänien und Ungarn werden nach der Vertreibung der deutschsprachigen Bevölkerung bevorzugt im unbewohnten Grenzgebiet sesshaft gemacht; man kümmert sich wenig um sie, entstehende Probleme werden nicht gesehen und erst nach 1989 artikuliert. In den 1970er- und 1980er-Jahren kommen Vietnamesen ins Land – zur Kompensation der Schulden, die durch tschechische Waffenlieferungen nach (Nord-)Vietnam entstanden sind. Im Grenzgebiet lenken sie den so genannten Bazarhandel, der allerdings längst rückläufig ist. Die im Land und über die Landesgrenzen hinaus gut vernetzten Südostasiaten werden sich unter diesen Vorzeichen neue Felder der Betätigung suchen müssen.

Das ethnische Profil wird in den letzten Dezennien durch Russland- und Rumäniendeutsche, durch Bürgerkriegsflüchtlinge aus dem ehemaligen Jugoslawien, aus Albanien, Syrien, Afghanistan oder Libanon sowie aus afrikanischen Ländern (Äthiopien, Nigeria, Kongo u.a.) ergänzt. Für den Staat und die Gesellschaft stellt ihre Aufnahme und Integration eine große Aufgabe dar, deren Lösung noch ansteht.

Im Rahmen der Freizügigkeit innerhalb der EU ist es allen Bürgern erlaubt, den Wohn- und Arbeitsort in den EU-Ländern nach eigenen Wünschen zu wählen. Der von manchen erwartete Ansturm auf Länder mit hohen Löhnen stellte sich so nicht ein, wohl aber gehören auch Spanier, Polen oder Bulgaren nun im Bayerischen Wald zum Arbeitsmarkt.

Alle Entwicklungen im Bayerischen Wald darzustellen würde den Rahmen dieser Ausführungen sprengen, denn die Wandlungen der letzten Jahre überschlagen sich förmlich. Wenn es aber etwas nicht gibt, dann ist es kulturelle, soziale oder ethnische Uniformität. Die Region, der Bayerische Wald, bildet eine Kulisse, die von jedem individuell ausgestaltet werden kann: Die im Reisepass eingetragene Staatsangehörigkeit ist heute für die meisten Menschen nur eine von mehreren Identitäten. Neben der staatlichen haben die meisten Frauen, Männer und Kinder auch eine regionale Identität, eine familiär ererbte oder eine zugeschriebene. Man kann in Wiesenfelden, Eschlkam, St. Englmar, Saldenburg oder Jochenstein z. B. Bayerwaldler, Deutscher, Grieche und Europäer in einem sein.

Die nicht immer schmeichelnden statistischen Daten stempeln die Bewohner übrigens keineswegs zu Hinterwäldlern ab: Dem niedrigeren Einkommen können niedrige Lebenshaltungskosten gegenübergestellt werden, großzügig zugeschnittene Wohnungen und je nach Vorliebe traditionelle, moderne oder alternative Lebensweisen. Nicht zu übersehen sind auch die Vorteile eines Lebens im ländlichen Raum mit den unterschiedlichen Möglichkeiten der Naherholung im Sommer und im Winter.

Viele Baustellen bleiben jedoch bestehen: Das Erbe der Vergangenheit muss weiter aufgearbeitet werden; die gesellschaftliche und ökonomische Dynamik schafft immer neue Herausforderungen; die kulturelle Vielfalt und die landschaftlichen Besonderheiten bilden das Ausgangsmaterial, aus dem die Menschen den Raum, seine Grenzen und sein Image erfinden und in immer anderen Formen stets neu konstruieren.

Räumliche Disparitäten, Zentren und Peripherien, gab es immer und wird es immer geben – im Bayerischen Wald genauso wie andernorts. Sie haben aber in der mobilen und vernetzten Welt der Gegenwart längst nicht mehr die Durchschlagskraft früherer Zeiten. Das gab es in dieser Form noch nie!

Anhang

Glossar

Ackernahrung: Mindestgröße landwirtschaftlicher Betriebe, die zur Existenzsicherung eines bäuerlichen Familienbetriebs im Rahmen der Selbstversorgung (Subsistenzwirtschaft) nötig ist; sie erfordert je nach Bodengüte, klimatischen Verhältnissen, Bodennutzungsform, technischer Entwicklung und Lebensstandard unterschiedlich große Flächen.

Agrarökologie: Mehrdeutiger Begriff, der hier die natürlichen Zustände der Ökosysteme (Acker-, Grünland, Wälder, Moore) bezeichnet und ihre Bedeutung für die Landwirtschaft, nicht aber die ökologische Landwirtschaft

Arrondierte Blockflur: Quadratische und rechteckige Flurform mit einem Verhältnis von Länge zu Breite bis etwa 4:1; sie gilt dann als arrondiert, wenn der gesamte Besitz eines Anwesens aus einem oder wenigen Besitzblöcken besteht, die allerdings in unterschiedliche Nutzungen aufgeteilt sein können

Blendgiebel: Frontmauer oder Giebel, der über die Höhe des Daches hinaus gebaut wurde und damit eine Haushöhe vortäuscht, die nicht vorhanden ist

Böhmische Masse: Kristallines Grundgebirge aus dem ↗ Erdaltertum, umfasst weite Teile Böhmens, den Oberpfälzer und den Bayerischen Wald sowie das Mühl- und Waldviertel Österreichs

Cluster: Durch räumliche Nähe entstandene Netzwerke von Produzenten, Zulieferern, Dienstleistungen und/oder Forschungseinrichtungen; durch Bündelung entstehen Vorteile bei den Kosten, in der Produktion und/oder der Entwicklung; Beispiel: Austauschbeziehungen innerhalb einer Wertschöpfungskette von Zulieferern des Automobilbaus

Digitalisierung: Einsatz von computergesteuerten Geräten, Programmen und Technologien zur Erfassung, Steuerung, Überprüfung und weiteren Entwicklung von Arbeits- und Prozessabläufen in allen Lebensbereichen, vornehmlich in Wissenschaft, Industrie, Gewerbe, Bildung, Politik, Verkehr,

Militärwesen und Verwaltung, aber auch im Alltag der Menschen; Digitalisierung transformiert v. a. die Bereiche Wirtschaft und Gesellschaft grundlegend. Beim Einsatz künstlicher Intelligenz (KI) stellen sich wegen der schwierigen Durchschaubarkeit der Prozessabläufe, wegen eventueller Missachtung gesellschaftlicher Werte und Normen sowie wegen möglicher Eingriffe in Grundrechte mit besonderer Dringlichkeit rechtliche und ethische Fragen.

Donaurandbruch: Durch seitlichen Druck bei der Entstehung der Alpen im Tertiär hervorgerufene Trennungslinie zwischen dem herausgehobenen Gebirge und seinem abgesunkenen Teil; zwischen Regensburg und Deggendorf mit bloßem Auge gut zu erkennen

Eiszeiten (Pleistozän): Abschnitte der Erdgeschichte mit Inlandeismassen und größeren Gebirgsvergletscherungen; für Süddeutschland sind vier pleistozäne Eiszeiten (Günz, Mindel, Riss und Würm: 0,7 Mio. a bis 10.000 a vor heute) mit zwischenzeitlichen Warmzeiten von Bedeutung, denen seit dem frühen Quartär (2,5–0,8 Mio. a) mehrere Kaltzeiten vorausgingen (Biber, Donau u. a.)

Endogenes Potenzial: Konzept der Regionalentwicklung, das nicht so sehr auf regionsferne Impulse als vielmehr auf das wirtschaftliche und soziale Potenzial der Umgebung setzt

Epigenese: Bezeichnung für (relativ) spätere Entstehung; das Donautal zwischen Vilshofen und Aschach wird als epigenetisches Durchbruchstal bezeichnet, weil die Eintiefung erst mit der Heraushebung des Gebirges im Tertiär einsetzte.

Erdaltertum (Paläozoïkum): Phase der Erdgeschichte, die vor 590 Mio. a begann und bis 251 Mio. a reichte; das Erdaltertum gliedert sich grob in folgende Abschnitte: Kambrium, Ordovizium, Silur, Devon, Karbon, Perm.

Euregio: Abkürzung für Europaregion, Bezeichnung für länderübergreifende Planungseinheiten; die Euregio Bayerischer Wald – Böhmerwald – Unterer Inn wurde 1994 gegründet und umfasst deutsches, tschechisches sowie österreichisches Gebiet

Europäische Ostbewegung: Um 1000 n. Chr. einsetzende mittelalterliche Kolonisation in Mittel- und Ostmitteleuropa; die Elbe-Saale-Linie und die Gebirgskette vom Fichtelgebirge zum Bayerischen Wald stellen die Westgrenze des Altsiedellandes dar, dem sich in Richtung Osten das Jungsiedelland anschließt; sein Kennzeichen sind regelhafte Flur- und Ortsformen. Der früher verbreitete Begriff der deutschen Ostsiedlung gilt wegen seiner ethnischen Komponente, die besonders in der NS-Zeit für politische Zwecke missbraucht wurde, heute als sachlich unangemessen und verfälschend.

Gewann: Komplex aus parallelen Streifenparzellen, die mit einem Flurnamen zusammengefasst sind; als ↗Plangewannflur, d. h. als planmäßig angelegte mehrteilige Streifenflur, bildet sie die bestimmende Flurform des spätmittelalterlichen Landesausbaus.

Grabendach: W-förmige Dachgestalt mit zwei Tiefenlinien, die sich nicht auf den Seitenmauern des Hauses befinden; von der Straße aus ist diese Dachform an den vom Rand zur Mitte hin versetzten Austritten der Regenrinnen zu erkennen.

Hakenhof: L-förmige Anordnung der Gebäude eines landwirtschaftlichen Anwesens

Inhaus: Generell ein kleines Haus für einen Inmann und seine Familie, die gegen Essen und einen kleinen Taglohn verpflichtet sind, auf dem Hof zu arbeiten; im Bayerischen Wald auch als Synonym für das Austragshaus, den Altenteil gebräuchlich

Jungsteinzeit: Epoche der Menschheitsgeschichte, die beim Übergang zur sesshaften, bäuerlichen Lebensweise beginnt; in Mitteleuropa reicht sie von 5500 bis etwa 2200 v. Chr.; ihr folgte die Kupfersteinzeit, die Mittelsteinzeit ging voraus.

Just in time **(JIT)**: Organisationsprinzip der arbeitsteiligen Produktion (vor allem im Automobilbau), bei dem nach genauer Abstimmung zwischen Auftraggeber und Zulieferer bedarfssynchron die notwendigen Teile produziert und geliefert werden

Klause: Als Begriff des Wasserbaus Bezeichnung für ein aufgestautes Gewässer, das der Flößerei dient; mit der Flutwelle, die nach Öffnung des Wehrs entsteht, konnte im ↗Triftkanal das Schwemmholz befördert werden.

Krüppelwalm: siehe Walmdach

Latènezeit: Benannt nach einem Fundort im Schweizer Mittelland, umfasst das 5. bis 1. Jh. v. Chr; die keltischen Stämme

Kontinentaleuropas sind Träger der latènezeitlichen Materialkultur.

Lithosphäre: Äußere Erdschale, etwa 100 km mächtig, umfasst die Erdkruste und den oberen Erdmantel

Löss: Hauptsächlich in den ↗Eiszeiten vom Wind (äolisch) abgelagertes kalkhaltiges, sehr feinkörniges Lockermaterial, aus dem sich nacheiszeitlich (besonders im Dungau) tiefgründige, ertragreiche Böden (↗Parabraunerden) entwickelten

Magerrasen: Durch Kräuter und niedrige Sträucher gekennzeichnete Pflanzengesellschaften auf nährstoffarmen Standorten; nur extensiv durch Schafe und Ziegen beweidet, auch als Trockenrasen oder Hutung bezeichnet

Ministerialen: Im Frühmittelalter bedeutende Gruppe von Dienstleuten, die als zunächst unfreie Verwalter oder Soldaten für den König, den Adel oder die Äbte auf lokaler Ebene tätig waren; im Laufe der Zeit stiegen sie in den niederen Adel auf, ihre sozio-ökonomische Position war aber sehr unterschiedlich. Im Hochmittelalter bildeten sie einen großen Teil der Ritterschaft.

Neolithikum: Siehe ↗Jungsteinzeit

Offenland: Im Gegensatz zum Wald nicht überbautes und nicht von Gehölzen bedecktes Gebiet, also Ackerland, Grünland, Moor oder andere waldfreie Gebiete

Outsourcing: Auslagerung von Teilen der Produktion, die bei globalisierter Herstellung und Vermarktung von externen Spezialisten kostengünstiger erstellt werden können

Paläozoïkum: Siehe ↗Erdaltertum

Parabraunerde: Aus Lockersedimenten (vorwiegend Löss) entstandene, fruchtbare Ackerböden mit hohen Nährstoffvorräten, günstigem Wasserhaushalt und guter Sauerstoffversorgung, ideal für den Anbau von Weizen, Zuckerrüben oder Futterpflanzen

Plangewannflur: Siehe ↗Gewann

Plansiedlung: Sammelbegriff für Siedlungen, deren Orts- und Flurform nach bestimmten geometrischen Vorgaben z. B. als lineare Formen (Reihendörfer, Straßendörfer) oder als platzförmige Anlagen (Anger-, Platzdörfer) mit regelhaften Fluren (Plangewannen) gestaltet sind. In den Kolonisationsphasen des Spätmittelalters und der frühen Neuzeit nutzten besonders die Passauer Bischöfe als Landesherren im Bayerischen Wald dieses Konzept, um bestimmte Räume zu besiedeln.

Pleistozän: Siehe ↗Eiszeiten

Postmoderne: Vielfältiger Begriff mit Wurzeln in Philosophie, Literaturwissenschaften und Kunst; hier als gesellschaftliche Charakterisierung einer Zeit verstanden, die so gegensätzliche Etikettierungen wie Arbeits-, Risiko-, Erlebnis-, Freizeit- oder Konkurrenzgesellschaft umfasst und – im Gegensatz zur älteren Moderne – die Individualisierung, die Heterogenität und die Differenzen betont; in der Postmoderne wird allgemein die Vielfalt herausgestellt, aber von der Beliebigkeit abgegrenzt.

Präfix: Bei Ortsnamen dem Bestimmungswort vorangestellte Bestandteile wie Klein-, Groß-, Hinter- oder Mitter-; Zeichen einer kulturlandschaftlichen Differenzierung, die im Laufe der Zeit einsetzte

Quartärer Sektor: Im Zuge der wirtschaftlichen Entwicklung vom Tertiären Sektor, dem Dienstleistungssektor, abgespaltener Zweig, der den Informationssektor (Beratung, IT-Dienstleistungen, Hoch- und Kommunikationstechnologie) umfasst

Radialflur: Im Bayerischen Wald seltene Form der Streifenflur, bei der die parallelen Streifen kreisförmig um die Ortsstelle gruppiert sind; Kreuzberg bei Freyung ist ein schönes Beispiel hierfür.

Regelloser Haufenhof: Anordnungsform der Wohn- und Wirtschaftsgebäude eines landwirtschaftlichen Anwesens ohne erkennbare Ordnung

Rugier: Ostgermanischer Stamm aus dem Raum zwischen Weichsel und Oder, der im Verlauf der Völkerwanderung ins Donaugebiet kam

Satteldach: Auch als Giebeldach bezeichnete, weit verbreitete Dachform, die durch eine von Giebel zu Giebel reichende Firstlinie sowie zwei jeweils gegenüberliegende Giebel- und Traufseiten geprägt ist

Suffix: Bei Ortsnamen an das Bestimmungswort angehängte Bestandteile wie -heim, -dorf, -wald oder -ing. Suffixe sind unter Umständen Hinweise auf die Altersstellung von Siedlungen, wenn weitere Belege (historische Quellen, regionale Häufung u. a.) hinzukommen.

Triftkanal: Ein für den Holztransport im Wasser (Trift) angelegter Kanal, auch als Schwemmkanal bezeichnet

Urbar: Verzeichnis über die Besitzungen und Besitzrechte eines Grundherrn sowie der Leistungen, die von den Untertanen (Grundholden) zu erbringen sind; wichtige Quelle zur Rekonstruktion mittelalterlicher und frühneuzeitlicher Besitz-, Gesellschafts- und Rechtsverhältnisse

Vorschussmauer: Siehe ↗Blendgiebel

Waldhufenflur: Flurform, die aus einer Breitstreifenparzelle besteht und sich handtuchförmig durch die gesamte Flur erstreckt; als ursprüngliche Flurform in den neuzeitlichen Rodungsgebieten des Hinteren Waldes verbreitet

Walmdach: Dachform, die auf allen vier Seiten geneigte Flächen mit niveaugleicher Traufinie aufweist (s. Abb. S. 48). Ist die Dachfläche auf beiden Giebelseiten deutlich verkleinert, handelt es sich um ein Halb-, Schopf- oder Krüppelwalmdach (s. Abb. S. 105).

Wasserrad: Auch als Mühlrad bezeichnete Antriebsform von technischen Einrichtungen (Mühlen, Sägen oder Stampfwerken), die die örtliche Wasserkraft nutzt; je nach Zufuhr des Wassers werden ober-, mittel- und unterschlächtige Räder unterschieden.

Zirkon: Hartes Mineral, das mit einem Alter von bis zu 4,4 Mrd. a als extrem alt gilt; auf Grund der in ihm enthaltenen Spuren radioaktiver Anteile ist es zur radiometrischen Altersbestimmung geeignet

Zurodungen: Bezeichnung für nachgründungszeitliche Parzellenkomplexe in ländlichen Siedlungen; sie befinden sich meistens in Randlagen und auf Standorten zweiter Wahl mit schlechteren und/oder feuchteren Böden; sie zielen auf eine Verbesserung der Existenzsicherung bäuerlicher Familienbetriebe (↗Ackernahrung).

Zwergschulen: Auch als einklassige Volksschulen (1.–8. Jgst.) bezeichnete Dorfschulen, die bis in die 1960er-Jahre im ländlichen Raum weit verbreitet waren

ANHUF, D. (2013): Der Naturraum Passaus – Geprägt durch (Hoch-)Wasser und Eis. In: GAMERITH, W., ANHUF, D., STRUCK, E. (Hrsg.): Passau und seine Nachbarregionen. Regensburg, S. 13–24.

BENDER, H. (2019): Die Ausgrabungen 1978–1980 in der Klosterkirche Heiligkreuz zu Passau-Niedernburg. Materialhefte zur Bayerischen Archäologie, Band 108. Kallmünz (Opf.).

BOSL, K. (1986): Der Osten Bayerns. Kräfte, Formen, Ergebnisse geschichtlicher Entwicklung. Passau.

BREUER, T. (2007): Perspektiven grenzüberschreitender Dorfentwicklung beiderseits der deutsch-tschechischen Grenze. Geographische Rundschau 59, Heft 6, S. 50–57.

BREUER, T., JÜRGENS, C. (Hrsg.) (1998): Luft- und Satellitenbildatlas Regensburg und das östliche Bayern. München.

BUCHER, M., ROTHER, K. (2013): Eiszeitliche Spuren im Bayerischen Wald – Das Beispiel des Kleinen Arbersees. In: GAMERITH, W., ANHUF, D., STRUCK, E. (Hrsg.): Passau und seine Nachbarregionen. Regensburg, S. 300–312.

FEGERT, F. (2001): Auswanderung aus den jungen Rodungsdörfern des Passauer Abteilandes nach Nordamerika seit der Mitte des 19. Jahrhunderts. Karlsruhe.

FEHN, H. (1937): Waldhufendörfer im hinteren Bayerischen Wald. Mitteilungen und Jahresberichte der Geographischen Gesellschaft Nürnberg, Jg. 6, S. 5–61.

GEBHARD, H., BAUMGARTNER, G. (Hrsg.) (1995): Bauernhäuser in Bayern. Band 5: Niederbayern. München.

GEBHARD, H., UNTERKIRCHER, P. (Hrsg.) (1995): Bauernhäuser in Bayern. Band 4: Oberpfalz. München.

GLASER, R. (2001): Klimageschichte Mitteleuropas. 1000 Jahre Wetter, Klima, Katastrophen. Darmstadt.

GRÖBNER, H. (1987): Fremdenverkehr im Bayerischen Wald. Sein Einfluß auf den Landschaftswandel eines Peripherraumes. Passauer Kontaktstudium Erdkunde. Berlin, Vilseck, S. 123–138.

HARTL, M., HUBER M. (Hrsg.) (1998): Regensburg und Ostbayern mit Nachbarregionen. Geographische Streifzüge. München.

HAVERSATH, J.-B. (1994): Die Entwicklung der ländlichen Siedlungen im südlichen Bayerischen Wald. Passauer Schriften zur Geographie 14. Passau.

HAVERSATH, J.-B., STRUCK, E. (1986): Passau und das Land der Abtei in historischen Karten und Plänen. Passauer Schriften zur Geographie 3. Passau.

HENKEL, G. (1983): Die ländliche Siedlung als Forschungsgegenstand der Geographie. Darmstadt.

HENNINGSEN, D. KATZUNG, G. (^{7}2006): Einführung in die Geologie Deutschlands. Stuttgart.

JÄGER, H. (1994): Einführung in die Umweltgeschichte. Darmstadt.

KÜSTER, H. (1996): Geschichte der Landschaft in Mitteleuropa. Von der Eiszeit bis zur Gegenwart. München.

LIDL, M. (1865): Landwirthschaftliche Reise durch den bayerischen Wald. Regensburg (Reprint: Grafenau 1986).

LIEDTKE, H., MARCINEK, J. (Hrsg.) (1994): Physische Geographie Deutschlands. Gotha.

LÜNING, J., JOCKENHÖVEL, A., BENDER, H., CAPELLE, T. (1997): Deutsche Agrargeschichte. Vor- und Frühgeschichte. Stuttgart.

MOOSBAUER, G. (2009): Römische Landwirtschaft in Bayern. In: SCHMID, P., BONK, S. (Hrsg.): Bayern unter den Römern. Facetten einer folgenreichen Epoche. Regensburg, S. 143–160.

MOOSBAUER, G. (2019): Siedlungsentwicklung in Grenzlage. Archäologie des 4. bis 6. Jahrhunderts in und um Straubing. In: Haberstroh, J., Heitmeier, I. (Hrsg.): Gründerzeit. Siedlung in Bayern zwischen Spätantike und Frühmittelalter. St. Ottilien. S. 903–914.

MUGGENTHALER, H. (1929): Die Besiedlung des Böhmerwaldes. Ein Beitrag zur bayrischen Kolonisationsgeschichte. Passau.

MURAWSKI, H., MEYER, W. (^{12}2010): Geologisches Wörterbuch. Stuttgart.

NEUEDER, H. (2012): Oberaltaich. Geschichte eines bedeutenden bayerischen Benediktinerklosters. Regensburg.

PFISTERMEISTER, U. (1997): Burgen und Schlösser im Bayerischen Wald. Regensburg.

PIETRUSKY, U. (Hrsg.) (^{2}1982): Niederbayern – im Fluge neu entdeckt. Grafenau.

POPP, H. (Hrsg.) (1987): Geographische Exkursionen im östlichen Bayern. Passauer Schriften zur Geographie, Band 4. Passau.

RATUSNY, A. (1994): Mittelalterlicher Landesausbau im Mühlviertel/Oberösterreich. Formen, Verlauf und Träger der Besiedlung vom 12. bis zum 15. Jahrhundert. Passauer Schriften zur Geographie 12. Passau.

ROTHE, P. (2005): Die Geologie Deutschlands. 48 Landschaften im Porträt. Darmstadt.

SEYFERT, I. (1975): Die Schachten des Bayerischen Waldes. Grafenau.

STALLHOFER, B. (2000): Grenzenloser Böhmerwald? Landschaftsnamen, Regionen und regionale Identitäten. Bayerischer Wald, Oberpfälzer Wald, Šumava, Český les und Mühlviertel im geographisch-empirischen Vergleich.

WINTERGERST, E. (2019) Die Ausgrabungen unter dem Niedermünster zu Regensburg. III: Befunde der nachrömischen Zeit. Auswertung, Band 1. München.

Bildnachweis

Bayerisches Hauptstaatsarchiv (Plansammlung 32): S. 71

Bayerische Staatsbibliothek (Signatur Hbks/F15b): S. 44

Diercke Weltaltas, westermann, Bildungshaus Schulbuchverlage, Braunschweig, 2008: S. 12, 18, 20/21

Fotolia: S. 161 (Bergfee)

Fremdenverkehrsamt Ostbayern; Bayerisches Landesamt für Statistik und Datenverarbeitung: S. 140 (Entwurf und Zeichnung: H. Gröbner)

gobayern.eu: S. 112

Johann-Bernhard Haversath: S. 9, 22, 27, 52/53, 54/55, 57, 62, 63, 64, 67, 69, 74, 84, 85, 89, 108, 116, 136, 148, 149, 151, 154

http://commons.wikimedia.org: S. 33, 45, 68, 79 (Rosa-Maria Rinkl, CC-BY-SA 4.0), 118

Nach H. Gebhard / G. Baumgartner (Hrsg.), Bauernhäuser in Bayern, Bd. 5: Niederbayern, München 1995: S. 97, 99, 103

Nach R. Glaser, Klimageschichte Mitteleuropas. 1000 Jahre Wetter, Klima, Katastrophen, Darmstadt 2001: S. 23

Nach H. Gröbner, Fremdenverkehr im Bayerischen Wald. Sein Einfluß auf den Landschaftswandel eines Peripherraumes, Passauer Kontaktstudien Erdkunde; Berlin, Vilseck 1987: S. 140

Nach M. Hartl / M. Huber (Hrsg.), Regensburg und Ostbayern mit Nachbarregionen: Geographische Streifzüge, München 1998: S. 25

Nach Peter Hofer, Leopoldsreut. Das verschwundene Dorf, Edition-Lichtland, 2014: S. 101, 105

Nach U. Pfistermeister, Burgen und Schlösser im Bayerischen Wald, Regensburg 1997: S. 48

Nach U. Pietrusky (Hrsg.), Niederbayern – im Fluge neu entdeckt, Grafenau ²1982: S. 138

Nach H. Popp (Hrsg.), Geographische Exkursionen im östlichen Bayern. Passauer Schriften zur Geographie, Band 4, Passau 1987: S. 125

Nach B. Stallhofer, Grenzenloser Böhmerwald? Landschaftsnahmen, Regionen und regionale Identitäten. Bayerischer Wald, Oberpfälzer Wald, Šumava, Český les und Mühlviertel im geographisch-empirischen Vergleich, 2000: S. 15

Rupert Peter, bayerwaldler.de: S. 114

Pfleiderer Teisnach GmbH & Co. KG: S. 131

Verlagsarchiv: S. 127

Wilfried Schaffrath: S. 123

Titelmotive: Vorderseite: Oben: Leopoldsreut Nr. 10, 1928 (nach: Peter Hofer, Leopoldsreut. Das verschwundene Dorf, Edition-Lichtland, 2014). Unten: Landschaft am Haidel (Bilddaten: Tourismusverband Ostbayern e.V. Rückseite (v. l. n. r.): Straßenmarkt in Straubing (Willfried Schaffrath), Papierfabrik Teisnach um 1900 (Pfleiderer Teisnach GmbH & Co. KG), Kreuzschifffahrt-Anlegestelle in Passau (Fotolia | Bergfee)

Ortsregister